ESSAI

DU
CHANT DE L'EGLISE
PAR LA NOUVELLE METHODE
DES NOMBRES.

CONTENANT, OVTRE

LA CLEF, LES PRINCIPES, ET LES TABLES

DE CETTE METHODE,

I. Une Introduction à L'ART DE CHANTER
par Nombres,

II. Les Réponſes à toutes les Objections qu'on y a
faites : &

III. Quelques Avis pour bien pratiquer le Chant de
l'Egliſe.

Dédié AU CLERGE'.

Par le R. P. SOUHAITTY, Religieux de l'Obſervance
de S. François.

In Eccleſiis benedicam te Domine. Pſal. 25.

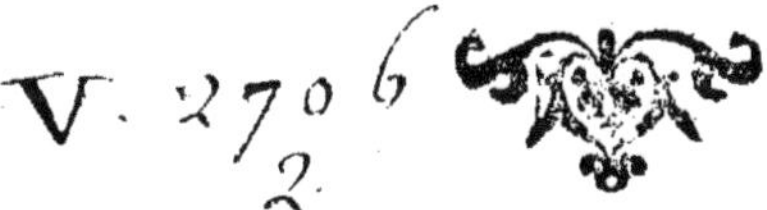

A PARIS,

Chez THOMAS JOLLY, Libraire Juré ſur le Perron de la Cour
du Palais, aux Armes de Hollande & à la Palme.
&
Chez ANDRE' PRALARD, Marchand Libraire, ruë S. Jacques,
à l'Occaſion

M. DC. LXXIX.
AVEC PRIVILEGE DU ROY.

BEniſſez le Seigneur,
Chantez à ſon honneur,
Levites bienheureux qui craignez ſa puiſſance :
Vous qui dans ſon ſaint temple & ſes ſacrez parvis,
Au culte des autels vous trouvez aſſervis,
Et qui gardez toûjours une heureuſe innocence. *Lev.* 21.

Pour le bien des humains,
Vers lui levez les mains;
Entrez pour le prier au ſacré Sanctuaire,
Et chaſſant de vos yeux le paiſible ſommeil,
Chantez juſqu'au retour des clartez du ſoleil :
Nos chants, quoi que groſſiers, ont l'honneur de lui plaire.

M. GODEAU.

COmme on n'avoit pas encore de Nombres gravez avec les Points, lors qu'on a imprimé ce dernier Eſſai, on a été obligé d'y ſuppléer par d'autres ſignes, qui pourront paroître embarraſſez, ou obſcurs : c'eſt pourquoi on prie ceux qui le liront, de vouloir les corriger, ou au moins de ſe ſouvenir, que dans les Tables de l'Intonation ces ſept Nombres [1^1 2^1 3^1 4^1 5^1 6^1 7^1] dénotent les ſept degrez de la I. Octave, qui exigeoient un Point au deſſous d'eux; & que ceux-ci [1^3 2^3 3^3 4^3 5^3 6^3 7^3] dénotent au contraire les ſept degrez de la III. qui demandent ce Point au deſſus. On a marqué cela dans le Chant, par un aſteriſque * ou petite étoille ; mais c'eſt proprement avoir quitté un embarras pour rentrer dans un autre. Il eſt vrai que c'eſt ſans conſequence, parce qu'on n'y ſera pas expoſé à l'avenir : & même on oſe promettre, avec l'aide de Dieu, qu'on en verra bien-toſt des effets.

VNIVERSO CLERO,

F. Ioannes Iacobus Souhaitty,
minimum id quod eſt, & quod poteſt
in Domino.

Aſcentes ac teneros laborum noſtro-
rum fruct͡us, illuſtrior gregis Chri-
ſti portio, Vobis præ cæteris con-
ſecramus. Etenim quos Spiritus Sanct͡us po-
ſuit Epiſcopos regere Eccleſiam Dei, vel mi-
niſtros ædificare, hos in patronos ac duces eli-
gere & aſſumere debet, qui pro Eccleſia Dei la-
borat. Nos ergò qui in medio Eccleſiæ lauda-
re nomen Dei cum cantico, & magnificare
eum in laude, imò qui in omni loco domina-
tionis ejus Hymnum cantare de canticis Sion,
adverſus filias Babylonis miſeras, ſummè
exoptamus; quoſnam potiſſimùm adire debui-
mus, quàm illos ſacros fidoſque vigiles, qui

ã ij

super muros Ierusalem custodes constituti, ut ait Propheta, die ac nocte perpetuò non tacebunt? Ecce nunc igitur omnes ministri & servi Domini, tum qui statis in domo Domini, tum qui excubias agitis in atriis domus Dei nostri, tum qui in noctibus extollitis manus vestras in sancta; tenellum hunc fœtum pro vobis susceptum, vobis oblatum, vestrum, quò maturiùs adolescat, citiúsque vobiscum sacrificium laudis immolet, amanter excipite, fovete, protegite.

AD JUVENES

CANTUS ECCLESIASTICI STUDIOSOS.

Ex B. Auguſtino, in Pſalmos *a* 119. *d* 144. *c* 146. *b* 148.

a FRatres Chariſſimi, non poteritis probare quàm vera cante-
tis, niſi cœperitis facere quod cantatis.   Quàm multi enim
ſonant voce, & corde muti ſunt? & quàm multi tacent labiis,
& clamant affectu? Multi clauſo ore exaudiuntur, & multi in
magnis clamoribus non exaudiuntur. *b* Ergò Fratres exhortamur
vos, ut laudetis Deum, & hoc eſt quod vobis dicimus, quando
dicimus Alleluia, *Laudate Dominum.* Sed laudate totis votis de
totis vobis; id eſt, ut non ſolùm lingua & vox veſtra laudet
Deum, ſed & conſcientia veſtra, vita veſtra, facta veſtra. *c* Lingua veſtra ad horam laudat, vita veſtra ſemper laudet.   Cum
voce cantaveritis, ſilebitis aliquando; vita ſic cantate, ut nunquam ſileatis. *b* Etenim laudamus modò in Eccleſiis quando con-
gregamur; cùm quiſque diſcedit ad propria, quaſi ceſſat laudare
Deum.   Non ceſſet benè vivere, & ſemper laudat Deum. *d* Illius
magnitudo ſine fine eſt, & veſtra laudatio ſine fine ſit. *b* Tunc
deſinis laudare Deum, quando à juſtitia, & ab eo quod illi
placet declinas. Nam ſi à vita bona nunquam declines, lingua
tua tacet, vita tua clamat, & aures Dei ad cor tuum. Quomodo
enim aures noſtræ ad voces noſtras, ſic aures Dei ad cogitatio-
nes noſtras.   Ergò Fratres, non tantùm ad ſonum attendite,
cum laudatis Deum toti laudate, cantet vox, cantet & vita,
cantent facta; & ſi eſt adhuc gemitus, tribulatio, tentatio, ſpe-
rate tranſitura omnia, & illum venturum diem quo ſine defectu
laudabimus.

LA CLEF
DE LA METHODE DE CHANT
PAR NOMBRES.

L'Octave ou Diapason. I. Table.

En montant, *du Son grave à l'aigu.*

1	2	3	4	5	6	7 7	1³.
Ut.	re.	mi.	fa.	sol.	la.	sa si.	Ut.

En descendant, *du Son aigu au grave*

1³	7 7	6	5	4	3	2	1.
Ut.	si sa.	la.	sol.	fa.	mi.	re.	Ut.

EXPLICATION.

L'Octave est la juste periode de la voix, & la source de toute l'harmonie. Elle est composée de sept Degrez differens, que nous marquons par les sept premiers nombres ou élemens de l'Arithmetique 1 2 3 4 5 6 7, que vous appellerez UT. RE. MI. FA. SOL. LA. SI; & elle comprend dans son étenduë, cinq Tons & deux Demitons, qui ne sont autre chose, que certains espaces ou Intervalles, qui se rencontrent entre deux Degrez divers, & qui font la difference du Son grave & de l'aigu. Les cinq Tons sont renfermez entre les Degrez 1 & 2, 2 & 3, 4 & 5, 5 & 6, 6 & 7; & les deux Demitons sont compris entre les Degrez 3 & 4, 7 & 1³. Le Demiton, comme son nom le porte, n'est que la moitié du Ton.

Cette Octave, & toute autre, se peut entonner en deux manieres, ou par *B. mol.*, ou par *B. quarre.* Si vous l'entonnez par B. mol, vous prenez le ♯ tranché Sa, & alors

vous ne faites que Demiton entre 6 & 7, *La Sa*, & vous
faites un Ton entier entre 7 & 1³. *Sa Vt.* Si vous l'entonnez par B. quarre, vous prenez le 7 simple, & pour lors,
tout au contraire du B. mol, vous faites un Ton entier de
6. à 7, *La Si*, & vous ne faites que Demiton de 7 a 1³,
Si Vt, Voilà l'ordre simple & naturel des Degrez de l'Octave, expliqué selon les deux manieres ordinaires de Chant.

REMARQUES.

*ON peut rendre cela plus general, & mesme plus intelligible,
d'une autre maniere ; en supposant tous les Degrez de l'Octave
simples, & remarquant que deux choses y apportent du changement, le Diése & le B. mol. Voicy en quoy ces deux choses
consistent , & comment on les doit marquer suivant cette
Methode.*

*Des sept Degrez de l'Octave, quatre admettent le Diése, sça-
voir, x 4 5 & rarement 2, & les trois autres reçoivent le B. mol,
sçavoir 3 7 & rarement 6. Le Diése, qui ne se voit gueres que
dans la Musique, consiste à élever l'un de ces quatre Degrez un
Demiton au dessus de son assiéte naturelle ; Le B. mol, qui se trouve également dans le Plein Chant, (principa'e nent le degre Sa)
consiste au contraire, à abaisser les trois autres un Demiton plus
bas. De là il s'ensuit, que d'un Degré Diése à celuy de dessus,
comme d'x a 2, de 4 a 5, de 5 à 6, on ne fait que Demiton,
au lieu que sans ce Diése on y feroit un Ton entier : & au contraire, que d'un Degré B. mol à celuy de dessus, comme de 3 à 4,
& de 7 à 1³, il y a un Ton plein, là où sans ce B. mol il n'y auroit que Demiton ; & par une suite necessaire, que du mesme Degré à celuy de dessous, comme de 3 à 2, & de 7 à 6, il n'y a que
Demiton, au lieu qu'il devroit y avoir un Ton plein. En un mot,
tout Degré Diése s'entonne comme Si , & tout Degré B. mol
comme Fa. c'est l'idée la plus juste qu'on en puisse donner. Voyez
le Clavier de l'Orgue ; comme il a un parfait rapport avec cette
Methode, il vous fera connoistre sensiblement ce que nous venons
d'expliquer.*

Nous marquons le Diése, en tranchant ses quatre Degrez à peu prés comme est cette Lettre ♯ dans les Livres bien corrects; & le B. mol, en tranchant les trois siens comme est cette autre ♭ dans les mesmes Livres. Vous remarquerez que le Diése n'altere point le nom des Degrez, on dit toûjours x Ut, 4 Fa, 5 Sol; & que le B. mol au contraire, le change, on n'y dit point Mi, ny Si, on y dit 3 Ma & 7 Sa, faisant allusion à Fa.

Il vous est maintenant aisé de comprendre ce que c'est qu'on a de coûtume d'appeller Chant par B quarre, & ce que c'est qu'on nomme Chant par B. mol. Le Chant par B. quarre, est celuy dans lequel tous les 7 sont simples, & s'appellent Si: s'il y en a quelques-uns tranchez, ou Sa, ce qui s'y voit souvent, c'est ce que l'on nomme communément Fa feints, qu'on met, ou afin d'éviter le Triton, c'est à dire, l'Intervalle de trois Tons, (qui se rencontre dans la fausse Quarte 47, & dans la fausse Quinte 74³, deux Dissonances que l'Art ny la nature ne peuvent souffrir,) ou bien afin de faire une Cadence plus juste, & qui remplisse mieux l'oreille. Le Chant par B. mol, est celuy au contraire, dans lequel tous les 7 sont tranchez, & s'appellent Sa, s'il s'y en trouve quelques-uns qui soient simples 7 Si, comme il arrive quelquefois, cela tient lieu de Diése, & l'on n'y doit faire que le Demiton. Vous apprenez de là, quelle est la difference de ces deux manieres de chanter si celebres, B. quarre & B. mol; Un Demiton placé diversement, ou le Degré 7 entonné un Demiton plus haut ou plus bas. Mais cette difference ne subsistera plus, & tous les Nombres se trouveront simples, à l'exception des Fa feints, si on veut transposer tous les Degrez du Chant de B. mol une Quinte, ou trois Tons & demi, plus bas, ou au contraire, une Quarte, ou deux Tons & demi, plus haut; c'est à dire marquer 5 au lieu d'1³, Sol au lieu d'Ut, & tous les autres Degrez à proportion: Il est bon toute-fois d'en avertir, afin que l'on ne puisse pas se méprendre au Ton du Chœur. Nous avons observé cela dans la Messe qui se voit à la fin de cet Essai, tant pour donner un exemple de cette Transposition, & pour montrer en mesme-temps combien elle est facile à faire, soit dans le Chant, soit sur les Instrumens; que pour ne pas nous engager

à quanà quantité de ♯, ny dans la Troisiéme Octave, qui exige des *Nombres Ponctuez* que nous n'avons point. Lors que nous les aurons, & que les *Caracteres* où ce *Point* est attaché seront frappez, non seulement on ne verra plus tant de choses imparfaites & irregulieres, comme il s'en remarque ici; mais nous esperons avec le secours du *Ciel*, qu'on verra, & que l'on aura autre chose que des *Essais*. Nous sommes mesme persuadez, que les personnes équitables n'attendront pas jusqu'à ce temps-là à excuser une partie de nos defauts; & qu'elles auront la bonté de se souvenir, que comme une *Esquisse* dans la *Peinture*, n'est pas un *Tableau* achevé, de mesme un *Essai* dans quelque *Art* que ce soit, ne peut pas estre un *Chef-d'œuvre.*

LES TABLES

DE

L'INTONATION.

L'Octave ou Diapason,

Par Degrez conjoints. I. Table. *Voyez la* Clef.

LE Dis-Diapason, ou deux Octaves,

En montant, & en descendant. II. Table.

1	2	3	4	5	6	7	1^3	2^3	3^3	4^3	5^3	6^3	7^3	1^4
1^3	7	6	5	4	3	2	1	7^1	6^1	5^1	4^1	3^1	2^1	1^1

LE TRIS-DIAPASON,

ou les trois Octaves consecutives;

Qui sont necessaires pour marquer le Chant, & pour donner la Tablature des Instrumens.

I. Octave. II. Octave. III. Octave.

1^1	2^1	3^1	4^1	5^1	6^1	7^1	1	2	3	4	5	6	7	1^3	2^3	3^3	4^3	5^3	6^3	7^3	1^4

LES SEPT ESPECES DE DIAPASON,

Par Degrez conjoints. III. TABLE.

Le Premier Diapason. UT.

1	2	3	4	5	6	7	1^3
1	7^1	6^1	5^1	4^1	3^1	2^1	1^1

Le Second Diapason. RE.

2	3	4	5	6	7	1^3	2^3
2	1	7^1	6^1	5^1	4^1	3^1	2^1

Le Troisiéme Diapason. MI.

3	4	5	6	7	1^3	2^3	3^3
3	2	1	7^1	6^1	5^1	4^1	3^1

Le Quatriéme Diapason. FA.

4	5	6	7	1^3	2^3	3^3	4^3
4	3	2	1	7^1	6^1	5^1	4^1

Le Cinquiéme Diapason. SOL.

5	6	7	1^3	2^3	3^3	4^3	5^3
5	4	3	2	1	7^1	6^1	5^1

Le Sixiéme Diapason. LA.

6	7	1^3	2^3	3^3	4^3	5^3	6^3
6	5	4	3	2	1	7^1	6^1

Le Septiéme Diapason. SI ou SA.

7	1^3	2^3	3^3	4^3	5^3	6^3	7^3
7	6	5	4	3	2	1	7^1

LES SEPT MESMES DIAPASONS,

Par Intervalles, ou Degrez separez. IV. TABLE.

Le Premier Diapason. UT.

11	12	13	14	15	16	17	11^3
11	17^1	16^1	15^1	14^1	13^3	12^1	11^1

Le Second Diapason. RE.

22	23	24	25	26	27	21^3	22^3
22	21	27^1	26^1	25^1	24^1	23^1	22^1

Le Troisième Diapason. MI.

33	34	35	3^6	37	31^3	32^3	33^3
33	32	31	37^1	36^1	35^1	34^1	33^1

Le Quatrième Diapason. FA.

44	45	46	4♯7	41^3	42^3	43^3	44^3
44	43	42	41	$4♯7^1$	46^1	45^1	44^1

Le Cinquième Diapason. SOL.

55	5^6	57	51^3	52^3	53^3	54^3	55^3
55	54	53	52	51	57^1	56^1	55^1

Le Sixième Diapason. LA.

66	67	61^3	62^3	63^3	64^3	65^3	66^3
66	65	64	63	62	61	67^1	66^1

Le Septième Diapason. SI. ou SA.

77	71^3	72^3	73^3	$7♯4^3$	75^3	76^3	77^3
77	76	75	7♯4	73	72	71	77^1

LES DOUZE MODES DU CHANT. V. TABLE.

L'Ionique. UT.   **Le Dorique. RE.**   **Le Phrygien. MI.**

L'Ionique				Le Dorique				Le Phrygien			
1	3	5	1^3	2	4	6	2^2	3	5	7	3^3
5^1	1	3	5	6^1	2	4	6	7^1	3	5	7

Le Lydien. FA.   **Le Mixolydien SOL.**   **L'Eolique. LA.**

Le Lydien				Le Mixolydien				L'Eolique			
4	6	1^3	4^3	5	7	2^3	5^3	6	1^3	3^3	6^3
1	4	6	1	2	5	7	2^3	3	6	1	3^3

Les deux Modes ou Divisions illegitimes. SI.

7	.	.	.	4^3	.	.	7^3
4	.	.	7	.	.	.	4^3

LES HUIT TONS, ou MODES,

Du Chant de l'Eglise. IV. TABLE.

Le Premier,	$2\ 6$ RE. LA.	✳	Le Second,	$2\ 4$ RE. FA.
Le Troisième,	$3\ 1^3$ MI. UT.	✳	Le Quatrième,	$3\ 6$ MI. LA.
Le Cinquième,	$4\ 1^3$ FA. UT.	✳	Le Sixième,	$4\ 6$ FA. LA.
Le Septième,	$5\ 2^3$ SOL. RE.	✳	Le Huitième,	$5\ 1^3$ SOL. UT.

FIN.

AMAS,

ET

LAUDAS.

DESINIS LAUDARE,

SI

DESINIS AMARE.

S. *Aug.* in Pſalm. 85.

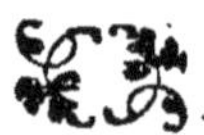

ASPIREZ *vous au Ciel, cherchez vous à luy*
    plaire ?
Aimez comme l'on aime en cet heureux ſejour;
Le cœur dans ce deſſein, eſt le plus neceſſaire,
Et le Chant le plus doux eſt celuy de l'amour.
Quand vous ſçauriez chanter auſſi bien que les
    Anges,
Ou mieux que ces Eſprits, encor vous exprimer;
Dieu qui voit voſtre cœur, rejette vos loüanges,
Vos Chants ne luy ſont rien, ſi vous ceſſez d'aimer.

Vide, ut quôd ore cantas, corde credas : &
quod corde credis, operibus comprobes.
Concil. Carthagin. IV. C. 10.

DOMINICA

☩ DOMINICA

AD MATUTINUM.

Cantu firmo.

Invitatorium. * 26 * 16 *

Ad⁰354ré54mus3422 1 Dó2424mi4num4, * Qui424
fe35cit4 nos43.   *Repetitur.*

Psalmus 94.

Ve26ni56te545443 ex3ul4té5mus6 Dó6mi5no5,
ju5bi5lé5mus6 De6o5 sa5lu4tá56ri5 no34stro32:
præ4oc43cu2pé3mus4 fá5ci5em6 e6jus5 in5 con4-
fes6si5ó34ne43, &4 in24 psal34mis4 ju4bi4lé432-
mus234 e3212i2332.

Hymnus. * 36 * 17 *

PRi2mo3 di4é5rum35 ó4mni3um4,
Quo2 mun3dus4 ex5tat35 cón4di3tus2,
Vel3 quo1 re3súr56gens6 Cón76di5tor6
Nos6 mor6te6 vi5cta4 li5be4rat3.

IN PRIMO NOCTURNO.

In Adventu. Antiphona. * 26 * 17 *
Vé5ni1et2 ec26567ce6 Rex6. Psalmus. S æ6cu6-
ló5rum4, A56men5.

Per Annum. Antiphona. * 5i * 4 i *
Ser6vi45te5 Dó56mi5no54. Psalmus. S æi cu1ló7-
rumi, A6men5.

Tempore Paschali. Antiph. * 14 * 16 *
Al4le4lu565ia45. Ps. S æ4cu4ló5rum3, A4men7.

Psalmus 1.

BEátus vir qui non ábiit in consílio impiórum,
& in via peccatórum non stetit : * & in cá-
thedra pestiléntiæ non sedit.
Sed in lege Dómini volúntas ejus * & in lege
ejus meditábitur die ac nocte.

Diurnale Romanum.   A

PROPRIUM

DE TEMPORE.

Cantu convenienti.

Antiphona. ✶26 ✶17 ✶

Te[4]cum[1] prin[2]cí[267]pi[6]um[6] in[6] di[6]e[65676]s
vir[34]tú[56]tis[43] tu[2]æ[2], in[4] splen[45]dó[4]ri[1]bus[1]
san[2]ctó[2]rum[1], ex[2] ú[45]te[4]ro[4] an[4]te[4] lu[56]cí[4]fe[3]-
rum[21] gé[23]nu[4]i[3] te[2]. Ps. Di[4]xit[56] Dó[6]mi[6]nus[6]. &c.

Hymnus. ✶24 ✶16 ✶

Ut[2] que[1]ant[24] la[43]xis[23] re[2]so[1]ná[2]re[3] fí[4]bris[4],
Mi[5]ra[5] ge[6]stó[4]rum[5] fá[4]mu[3]li[2] tu[3]ó[2]rum[1],
Sol[4]ve[1] pol[2]lú[4]ti[4] lá[5]bi[6]i[5] re[4]á[3]tum[2]
San[4]cte[3] Jo[2]án[1]nes[2].

Antiphona. ✶24 ✶17 ✶

Da[2] pa[1]cem[2] Dó[45]mi[4]ne[4], in[3] di[4]é[5]bus[43] no[2]-
stris[2], qui[4]a[3] non[43] est[21] á[45656 7]li[6]us[6] qui[6]
pu[6]gnet[5] pro[4] no[45]bis[4], ni[4]si[4] tu[34] De[5]us[43]
no[2]ster[2]. ℣. Fi[4]at[4] pax[4] in[4] vir[4]tú[4]te[4] tu[4]a[2].

ANTIPHONÆ

Beatæ Virginis MARIÆ.

Cantu levi ac musicali.

Ab Adventu usque ad Purificationem.

Al[1]ma[3] Red[5]em[3]ptó[4]ris[3] ma[2]ter[1], quæ[5] pér[6]-
vi[7]a[1] cæ[7]li[1] Por[6]ta[5] ma[4]nes[5], &[1] stel[6]la[1]
ma[5]ris[6], suc[5]cúr[4]re[3] ca[2]dén[3]ti[1], Súr[5]ge[5]re[5] qui[4]
cu[5]rat[6] pó[5]pu[4]lo[3]: tu[1] quæ[5] ge[6]nu[71]í[5]sti[7], Na[1]tú[2]✶-
rá[1]i mi[7]rán[6]te[5] tu[5]um[5] san[4]ctum[3] ge[2]ni[3]tó[2]rem[1],
Vir[5]go[6] pri[7]ùs[1] ac[5] po[6]sté[3]ri[4]ùs[5], Ga[5]bri[5]é[4]-
lis[3] ab[2] o[3]re[2] Su[3]mens[4] il[3]lud[1] A[2]ve[3], pec[5]ca[4]tó[5]-
rum[1] mi[2]se[3]ré[2]re[1].

A Purificatione usque ad Pascha.

A[1]ve[3] Re[5]gí[6]na[5] cæ[3]ló[4]rum[3], A[5]ve[1] Dó[3]mi[4]-
na[5] An[1]ge[3]ló[2]rum[1] : Sal[3]ve[4] ra[3]dix[2], sal[5]ve[6]
por[4]ta[5], Ex[5] qua[6] mun[1]do[7] lux[6] est[7] or[6]ta[5]. G,au[1]-

de7 Vir6go5 glo6ri5ó4sa3, Su5per6 o7mnes5 spe i_
ci2*ó7sa i, Va5le i ôs val6de5 de3có4ra3, E.2 pro3
no4bis5 Chri'stum4 .ex3ó2ra'.

A Paschate usque ad Trinitatem.

R E5gi3na1 cæ2li7 *, læ1tá2re3 al4le3lú2ia1.
Qui1a5 quem5 me6ru5i4sti3 por4tá3re2, al3le5_
lú4ia5.

Re4sur5ré6xit5 si3cut4 di3xit2, al1le2lú7 * ia1.
O5ra3 pro1 no2bis7 ** De1um2, al4le3lú2ia'.

A Trinitate usque ad Adventum.

S Al've3 Re5gi6na5, ma6ter i mi7se6ri5cór6_
di5æ5, vi ta5, dul6cé4do3, &6 spes5 no4stra3 sal2_
ve1. Ad5te6 cla7má imus i éx5u6les i, fi7li6i5 E6væ7.
Ad i te5 su6spi5rá4mus3 ge2mén3tes5, &5 flen4tes3
in6 hac5 la4cry3má2rum3 val2le1. E5ia6 er7go i ad5_
vo6cá ita7 no6stra5, il1los5 tu6os3 mi3se4ri5cór6des5
ó4cu3los3 ad5 nos3 con4vér2te1. Et5 Je6sum i be3_
ne5dí6ctum5 fru5ctum6 ven itris7 tu6i5 no1bis5
post6 hoc i ex7i6li5um5 o3stén2de1. O3cle2mens1.
O5 pi6a5. O6dul icis7 Vir6go5 Ma3rí2a1.

Ex Missali desumpta.

IN DIE SANCTO PASCHÆ

Ad Missam. *Cantu gravi.*

Introitus. * 36* 17*

R E2sur42ré4xi44232 :* &43 ad45 huc5 te4cum4
sum34545, al544le243lú454ia434 :po454su4i3456_
sti565 su54per345 me4 ma4num24 ·tu4543am3, al4_
le243lú454ia24424 :Mi1rá12434bi4lis4 fa45cta2343212
est21 sci345én565ti4a4 tu5465a5, al5le345lú5ia454,
al544le243lú454ia43 Psalmus. D ó656mi6ne6 pro6_
bá6sti6 me6, &65 co57gno7ví67íti6 me6 :* tu6s
cog56no6ví6sti6 sel6si6ó6nem6 me6am6, &6 re6_

fur⁶re⁶cti⁶o⁵⁴nem⁵⁶ me⁶am⁴. Verf. Glo⁶ ⁵⁶ri⁶a⁶
Pa⁶tri⁶, &c.   Profa. ✳ 2 6 ✳ 6✳2✳ ✳

VI²cti'mæ² Pa⁴fcha⁵li⁴ lau³des² im⁶mo⁵-
lent⁴ Chrifti⁴a³ni².

A ⁶gnus¹ re²✳de⁶mit⁵ o⁶ves⁶ , Chri⁶ftus⁵ in⁶no⁵-
cens⁴ Pa³tri² re⁴con⁵ci²li³a²vit¹ pec³ca⁴to²res²

Præfatio. ✳ 2 4 ✳ 1 4 ✳

VE²rè⁴ di⁴gnum⁴ &³² ju²³ftum³ eft³ , æ³⁴-
quum³ &²¹ fa¹²lu⁴ta²³re² : Te² qui⁴dem⁴
o⁴mni³² tém²³po³re³ , fed² in⁴ hac⁴ po⁴tif⁴fi⁴-
mùm⁴ di⁴e⁴,glo⁴ri⁴o⁴fi⁴ùs⁴ prę⁴di³²ca²³re³,cùm³
Pa²fcha³ no⁴ftrum³ im³mo³la²¹tus¹² eft⁴ Chri²³-
ftus². I²pfe⁴ e⁴nim⁴ ve⁴rus³ eft³² A²³gnus³, qui³
áb⁴ftu³lit³ pec²¹cá¹²ta⁴ mun²³di². Qui² mor⁴tem⁴
no⁴ftram⁴ mo⁴ri⁴én⁴do³ de³²ftrú²³xit³ , &³ vi³⁴-
tam³ re³fur³gén³do²¹ re¹²pa⁴rá²³vit².Et² í¹²de²o².

Ex Proceffionali.

Tempore luctus & anguftiæ.

RESPONSORIUM. ✳ 2 6✳ 1 2✳✳ Cantu gravi.

ME²di³a⁴ vi⁵ta⁴³ in²⁶ mor⁶te⁵⁴ fu⁵⁴³mus³,
quem⁵ quæ⁵ri⁴mus⁴³ ad²ju³to⁴³rem²¹,
ni⁵⁴fi⁵te⁶⁵, Do⁴³²³mi³ne³, qui² pro³ pec⁴cá⁵tis³
no⁴³²ftris³² ju⁴⁵⁶ftè⁶⁵⁴ irá⁴³²³fce³ris³ ?
✳ a San²⁶cte⁵⁶ De⁷ⁱ⁷⁶fus⁶, ✳ b San⁶⁵cte³ for⁴³²-
tis³², ✳ c San⁶cte ⁵⁶⁷ ¹⁷⁶⁵⁴³²³ im⁵ mor⁶tá⁴³²³-
lis³²,✳ d Mi⁴fe⁶ré⁵re⁴ no³bis².
℣. Ne²⁴⁶⁷ fi⁶mul⁶ per⁶das⁶⁵ nos⁴³, Do⁶⁵mi⁵ne⁶,
cum⁶ in⁶i⁶qui⁶tá⁶ti⁵bus⁶ no⁷ⁱftris⁶ : ne²✳que ⁱ in⁷
æ⁶tér⁵num⁴ i³²rá⁵⁶tus⁶,re³fér⁵ves² ma³la⁴ no³bis².
✳ a Sancte Deus.
℣ Qua²⁶⁵⁴ u³²ti⁵⁶li⁵tas⁶ in⁷ fan⁵gui⁶ne⁷ no ⁱftro⁶,
dum⁶ de⁵fcen⁴dé³ri²mus³ in² cor³ru⁴pti⁵ó⁶⁵nem⁶?
✳ b Sancte fortis.
℣ Non²⁴⁶ in⁶ ju⁶fti⁶fi⁶ca⁶ti⁵ó⁶ni⁵bus⁴³ no⁵⁶ftris⁶
pro⁶ftér⁷ni⁵mus⁶ pre⁶ces⁴ an¹²³⁴te⁵ fá⁵ci³em⁴

tu[3]am[2] : sed[6] in[1] mi[2]*se[6]ra[7]ti[5]ó[6]ni[4]bus[5] tu[5][4][3]is[3]
mul[5][4][3][2]tis[3][2]. * c Sancte immortális.

℣. Ne[2][4][6] de[6]spi[6]ci[5]as[4][3] Je[5][6]su[6] , fa[6]ctú[5]ram[6]
tu[7]i[1]am[6],quam[6] re[5]de[3]mi[+][3]sti[2] : sed[5] pro[3]pi[4]ti[3]us[2]
e[3]sto[4] sor[5]ti[6] &[7] fu[5]ni[1]cu[7]lo[6] tu[5]o[6], quem[4] vo[7].
lunt[6] in[3]i[4]mi[3]ci[2] no[5]stri[3] pér[3]de[2]re[2] at[4]que[5] de[2]
lé[5][4]re[3] : &[6] con[1]vér[2]*i[6]ste[6] lu[6]ctum[3] no[4][3][2]strum[3]
in[1][2][3][4] gáu[5]di[4]um[3] , ut[6] vi[6]vén[7]tes[6] lau[+][5][6][7]i dé[7]
mus[6] no[7][6][5][4]men[3] tu[4][3]um[2] ,Dó[4][3][2]mi[1]ne[1][2].

* d Miserére nobis.

℣. Gló[2][4][6][7]ri[6]a[6] sit[1] De[6]o[7][6][5] Pa[6]tri[6] , &[2]*Fí[6][7][6]li[5]o[6] , &[6] Spi[3]rí[4]tu[3]i[2] San[2][3][4][5][6][7][1][7]cto[6].

* aSancte Deus,Sancte fortis, Sancte immortális, Miserére nobis.

CLAVIS
HUJUSCE INVENTI.

(Quâ reserante, atria tota patent.)

*OCTAVA. seu DIA-PASON.

ASCENDENDO, è gravi ad acutum.

1.	2.	3.	4.	5.	6.	(7) 7.	i.
Ut.	re.	mi.	fa.	sol.	la.	(sa) si.	Ut.

DESCENDENDO, ex acuto ad gravem.

i.	7.(7)	6.	5.	4.	3.	2.	I.
Ut.	si.(sa)	la.	sol.	fa.	mi.	re.	Ut.

SABBATO
AD VESPERAS. *Cantu levi.*

Antiphona. b 4 6 c 1 6 *

BE[4]ne[5]di[5][6]ctus[5][4] Dó[5][4][3]mi[2]nus[2][1] De[4]us[5]
me[5][4]us[4]. Psalmus. nunc[6] ,&[6] sem[6]per[6] : *
&[6] in[6] sæ[6]cu[6]la[6] d Sæ[6]cu[6]ló[4]rum[5][6] A[5]men[4].

Consule paginam sequentem.

OCTAVA est Regula certissima Cantus,& totius Harmoniæ fundamentum : constat Gradibus septem, quos totidem numeris designamus. Tres omnino statuimus , sese pari ordine , paribusque intervallis , consequentes; Infimam, Mediam , & Altam , quibus Supre-

mam (pro
Organis) ad-
des. Apex
infra gradum
positus, Infi-
mam ; supra
gradum solus
extans , Al-
tam; duplica-
tus , Supre-
mam; nullus,
Mediam ar-
guit. Verùm
hîc asterisco*
usi sumus,
numerorum
penuriâ labo-
rantes : Sicu-
bi igitur as-
teriscum*no-
tatum inve-
nias, isque
elevetur, in
mentem re-
voca, apicem
pingendum
aut conci-
piendum esse
supra nume-
rum proximè
præceden-
tem, infrà
verò,si depri-
matur. Defi-
cit etiam ali-
cubi gradus
((*fa*)), sed
quem tuâ pru-
dentiâ facilè
supplere po-
teris. Intereà
dabimus ope-
ram, ne ista
aliave am-
plius deside-
res : & post-
quam Eccle-
siis ac tibi fe-
cerimus satis,
ad Musicos.

EXPLICATIO BREVIS.

SI quando Octavam mediam sursum, vel deor-
sum excedas , nam utrumque potes , tunc
quemadmodum vox resumit eosdem Sonos, sed
vel Octavâ integrâ acutiores , vel Octavâ integrâ graviores, prout ascensus vel descensus po-
stulaverit ; tu quoque resumes eosdem Gradus,
sed vel apice suprà affixo, si Octavam altam
ingrederis, vel infià, si infimam.

A dverte præterea Notam illam, quam vulgò
Fa Fictum appellant, & plurimi, tanquam ma-
gnum aliquod, pravè suspiciunt : apud nos nihil
aliud esse , quàm Gradum septimum Octavæ,
Semitonio infrà situm seu Tonum naturalem de-
pressum; proindeque numero♮. (instar litteræ
♮. distinctionis causâ, transfixo,) commodè re-
præsentari, &*Fa* vel*Sa* nuncupari. utrum ve-
lis eligas.

E n scopulus ille tot naufragiis famosus. Hoc
unum totumque caput, quod summos potentis-
simosque olim Principes, B. *molle* &B. *quadra-
tum*, toties inter se commisit, & exitialis atque
implacabilis odii causa fuit. Quot bella in alter-
utrum, quotque prælia cruenta pro nihilo!

Ambo Regnarunt ; Ambo Jacent.

a *Modus observandus in Cantu.* Triplicem ca-
nendi modum in Ecclesia reveremur, ac, ubi
necesse, annotamus, *Gravem*, *Firmum*, *Levem*.
Quod plerique mirè perturbant & corrumpunt,
promiscuè ac sine modo canentes, & nec ad Fe-
sta, nec ad Officia Divina, pro illorum vel digni-
tate, vel diversitate, attendentes ; obliti quòd
Filia Regis circumamicta sit *varietatibus*, incedat-
que in *fimbriis aureis* ; tametsi *omnis gloria ejus
ab intus.*

b *Gradus Finalis Gradufque Dominans.* Quò Tonum quemvis promptè dignofcas, & in Choro debitum Tenorem inviolatè ferves.

c *Gradus infimus & Gradus fupremus.* Ne faltes, ut aiunt, extra chorum; id eft, ne quid temerè ac inconfultè præcinas, neve tibi contingat, quod in aliis jure reprehendis, vocem fcilicet cum pectoris difpendio atque aftantium rifu, ultra modum & vires vel intendere, vel remittere. *Medio tutiffimus ibis.*

d *Terminatio Pfalmi.* Cantus Pfalmorum tribus potiffimùm abfolvitur, Intonatione, Mediatione, & Terminatione : fed ultimam hanc partem folùm notamus, quia fola variatur.

AD LECTOREM.

P*Rofpice modò, prudens Lector, ac dijudica, an* Breviarium, Miffale, cæteraque, id genus, veneranda Volumina *cum Cantu exactè ac fideliffimè edita, compendioque huic fimili, at multo politiori, tibi commoda, Ecclefiis utilia forent. Id enim, quamvis immenfi ponderis, noftrafque vires longè plurimùm fuperans;* confidentes *tamen hoc ipfum, quia* qui cœpit in nobis opus bonum perficiet, *non* ofcitanter molimur, &, *quod fperamus, non infeliciter : cùm noftri confilii inceptique exitus à Te, æquo æftimatore, maximè pendeat. Tantâ ergo fiduciâ non quidem elati, fed erecti atque alacres, propediem, Deo juvante, manum ad opus ferio ac optimis ominibus, admovebimus, & Diurnale Romanum, unà cum* Cantu Gregoriano, *propriis locis eleganter & apté difpofito, veluti prænuncium majorum Operum, tibi exhibebimus, dabimufque. Hæ igitur erunt primitiæ fanctuar i Sacerdotum; duo vel tria ingentia Volumina (ubique ferè defiderata, aut depravata) contenta integrè ac dilucidè in uno exiguo,*

Quò
oro

Cætera monita, fi quæ neceffaria aut utilia videbuntur, habebis (quod ad pietatem & cultum divinum attinet) una cum Diurnali, in ipfo operis limine ; quod verò methodum fpectat & Artem, in alio Opere, quod Diurnale, Deo dante, præcedet, aut proximè fubfequetur.

Hactenus,
,, egeni &
,, pauperes,
propofuimus
& plura quidem, & fidenter : Ille,
ut par eft,
difponat, qui
,, cum fit di-
,, ves in om-
,, nes qui in-
,, vocant il-
,, lum, & à
,, fine ufque
,, ad finem
,, attingat
,, fortiter,
,, fuaviterque
,, difponat
,, omnia, pro
,, bona vo-
,, luntate, &
,, velle &
,, perficere in
,, nobis operatur.

Ezech. 48.b. eritque * Sanctuarium Domini in medio ejus.

Quod cùm ita fit, de hujufcemodi Opere laborantibus, deque noftra fama anxiè follicitis, breviter refpondemus fpondemufque, famam noftram, ex hac parte, tutam & tranquillam fore, Opus verò Sapientibus acceptum, ac omnibus utile. * Qui enim habet, (fi augufta ac formidanda illa piiffimi Liberatoris verba ad tam humile propofitum deflectere liceat) dabitur ei, & abundabit: Qui autem non habet, & quod habet, (penuriam intelligas, fi de Ecclefiis fermo inftituatur, infcitiam verò fi de viris Ecclefiaficis) auferetur ab eo. Sed nolumus verbis credas, crede oculis: atque adeò quantâ curâ, caftigatione, & venuftate, quantifve tuis, Ecclefiafticorum omnium, & Ecclefiarum commodis, promiffum Opus, Domino auxiliante, proditurum fit, vel ex præcedentibus paginis, quas celeri manu & rudiori penicillo adumbravimus, conjice.

In margin, left column:

* PSALTERIUM,

* Duo illa Author innuit ad quæ Natura & Ars indefinenter fpectant, COMPENDIUM ET FACILITATEM. His fi fuffulciatur nobile feu utile aliquod Inventum, & refpuas, vel fi deftituatur, & approbes, oleum perdis & operam: nec aliud ufquam proficis, nifi quòd egregiè vel pravum tuum affectum, vel fenfum diftortum ac demiffum, vel utrumque, (fi utroque laboras) oculis fanis confpiciendum præbes.

LEGE. EXPENDE. ET VALE.

U. P. Vov. D. D. C.

F. JOANNES JACOBUS SOUHAITTY,

Francifcanus.

Pfallite Deo noftro, Pfallite fapienter.
Pfalm. 25.

Parifiis,
Menfe Martio. Ann. Dom. M. DC. LXXVIII.

Cum Privilegio Regis, & Permiff. Sup.

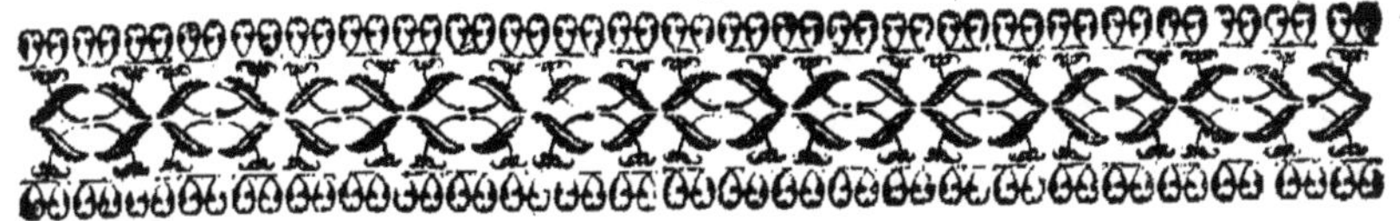

L'INTRODVCTION

A

L'ART DE CHANTER.

CE ne seroit pas assez qu'un homme vinst nous asûrer qu'il a découvert un chemin tres-facile, & qui conduit sans aucuns détours à des lieux agreables où nous voulons aller; si en même-tems il ne nous faisoit connoistre quel est ce chemin, qu'il dit estre si abregé & si commode, & qu'il ne nous donnast les moyens d'y entrer. Afin donc de ne pas tomber dans un défaut aussi blâmable que seroit celui-là, nous tâcherons ici de vous marquer nettement les moyens de vous servir de la Nouvelle Methode des Nombres; & nous vous donnerons les Instructions que nous croyons necessaires, pour vous introduire par elle dans l'Art de Chanter, auquel vous desirez parvenir, & dont nous avons entrepris de vous faciliter le chemin & l'entrée.

Apprenez en premier lieu, que l'Octave, qu'on appelle autrement *Diapason*, est la regle de la voix & le fondement de tout le Chant; c'est par Elle que vous devez commencer. Vous l'entonnerez par Degrez conjoints, en montant & en descendant, c'est à dire, en faisant à propos, toutes les élevations & les inflexions de voix necessaires. Ce sera vostre Premiere Leçon. *I. Table.*

Vous ferez cette Octave & sa replique, en montant & en descendant de mesme, c'est à dire, vous entonnerez par Degrez conjoints, le *Disdiapason* ou deux Octaves de suite, qui font l'étenduë ordinaire & naturelle de la voix. Ce sera la Seconde Leçon. *II. Table.*

Vous détacherez de cette double Octave les sept diffe-

B

rens Diapafons qui y font compris, & vous les entonnerez tous fept, depuis le premier jufqu'au dernier, par Degrez conjoints, en montant, puis en defcendant ; foit que vous les commenciez tous à l'Uniſſon, & dans l'élevation de voix qui vous fera la plus commode, foit pluſtoſt que vous commenciez le premier fort bas, afin de pouvoir fournir à tous, & que vous éleviez voſtre voix dans chacun, à proportion qu'il s'éleve dans l'ordre des Degrez. Ce fera la Troiſiéme Leçon. *III. Table.*

Vous entonnerez tous ces mefmes Diapafons par Degrez feparez, dans le mefme ordre & avec la mefme methode que vous avez fait par Degrez conjoints ; c'eſt à dire, vous ferez de fuite fans interruption, tant en montant qu'en defcendant, toutes les Confonances & tous les Intervalles qui fe peuvent faire regulierement dans chacun. Vous remarquerez, qu'il y a huit efpeces de Confonances dans l'Art, & qu'il y a un individu de chacune de ces efpeces dans chaque Diapafon ; fçavoir l'*Vniſſon*, qui eſt le principe des fept autres, & qui confiſte dans la repetition du mefme Degré fans inflexion de voix, ou dans la rencontre de deux voix en mefme Son, fans difference de grave ny d'aigu : la *Seconde*, la *Tierce*, la *Quarte*, la *Quinte*, la *Sixte*, la *Septiéme*, & l'*Octave*, ou le retour au mefme degré & à l'*Vniſſon*: toutes lefquelles Confonances confiſtent comme luy, dans la rencontre ou dans l'union de deux voix, mais avec difference de grave & d'aigu, qui eſt plus ou moins grande, à proportion que l'Intervalle eſt plus ou moins étendu, c'eſt à dire, à proportion que ces deux Degrez font plus ou moins éloignez l'un de l'autre dans l'ordre de l'Octave, & qu'il y a entre les deux plus ou moins de Tons & de Demitons compris. Ce font ces huit efpeces de Confonances qui compofent generalement tout le Chant, & que vous devez apprendre particulierement à bien entonner ; Vous les trouverez difpofées dans l'ordre que nous les avons nommées, *Table IV*. tant en montant, qui eſt le rang de deſſus, dans lequel on s'éleve de la Seconde Octave à la Troiſiéme,

qu'en defcendant, qui eft celny de deſſous, où l'on va de la
Seconde à la Premiere, ce qui fait le Diſdiapaſon entier. Il
fera pourtant à voſtre choix, ou de vous y conformer, ſi les
forces de voſtre voix le permettent, ou de garder la meſme élevation en deſcendant qu'en montant, enſorte que
vous n'entonniez qu'une ſeule Octave, quoy qu'il y en ait
deux marquées. Mais parce que ces ſept Diapaſons ne ſont
pas ſi faciles à entonner de cette maniere que par Degrez
conjoints; & qu'il faut cependant que vous les ſçachiez
entonner auſſi promtement & auſſi parfaitement, vous
n'en devez prendre qu'un par Leçon, afin de le bien apprendre. Suivant ce projet, le Premier ſera le ſujet de la
Quatriéme, le Second de la Cinquiéme, & ainſi du reſte,
juſqu'au dernier, qui ſera le ſujet de la Dixiéme. *IV. Table.*

Enfin, vous entonnerez les douze Modes du Chant; &
vous apprendrez à connoiſtre les huit Tons ou manieres
differentes de chanter, auſquelles tout le Chant de l'Egliſe ſe reduit. *V. & VI. Tables.*

Nous ne vous conduirons pas plus loin, car ſi vous ſçavez parfaitement ce peu de Leçons, vous ſerez en état de
vous conduire vous meſmes : & ayant les Livres neceſſaires,
(à quoy nous contribuërons de noſtre part autant que nous
le pourrons) vous n'aurez preſque plus beſoin d'autre ſe-
cours pour apprendre le Chant, ſinon de vous exercer ſouvent & diligemment en l'une de ces trois manieres, ou en
toutes ſi vous le pouvez.

1. Ou ſeul, entonnant premierement les Nombres de
deux ou de pluſieurs mots conſecutifs, dont le Chant ſera
ſimple & facile ; puis entonnant incontinent ces meſmes
mots comme vous aurez fait ces Nombres, & appliquant à
chaque Syllabe, le Son qui luy eſt deſtiné. De là vous paſ-
ſerez à d'autres Chants plus difficiles, ou moins ſimples,
que vous entonnerez & que vous apprendrez de la meſme
maniere.

2. Ou pluſieurs enſemble, partie deſquels entonneront
les Nombres pendant que les autres y appliqueront les pa-

roles ; mais en ce cas il faut se bien entendre.

3. Ou enfin, chantant assiduëment en Chœur avec & comme les autres, (si cela vous est permis) & prestant attentivement l'oreille à toutes les voix, afin d'y bien conformer la vostre & de ne pas causer la moindre dissonan-ce. Les deux premiers moyens ne sont pas à negliger, mais celui-ci est le plus commode & le plus seur de tous. L'Egli-se, si vous la frequentez, & c'est vostre devoir, sera en ef-fet une excellente Ecole pour apprendre promtement & parfaitement le Chant. Il n'y aura point de voix dans le Chœur qui ne fassent à vostre égard tout ce que feroit le Maistre le plus assidu ; & il ne s'y chantera point d'Offices qui ne deviennent pour vous autant de Leçons utiles , si vous voulez en profiter.

Mais n'y soyez pas trompé, il est besoin pour apprendre dans la perfection que nous demandons , celles que nous vous avons prescrites , que vous ayez un Maistre qui con-duise exactement vôtre voix, ou au moins un Instrument sur lequel vous puissiez la regler : & d'ailleurs, que vous y ap-portiez aussi de vostre part, toute l'application que cela me-rite, car en toutes choses, & particulierement dans cet Art, il importe extrémement de bien commencer.

Quand vous l'aurez fait , vous connoistrez combien vous aurez avancé en peu de temps ; & il sera difficile que vous puissiez broncher dans tout le Plein Chant, ny dans la Mu-sique mesme , quant à l'Intonation, l'un & l'autre ne con-tenant rien que ce que vous aurez appris dans ces Leçons. Vous connoistrez encore par une experience qui ne sera pas desagreable, qu'il vous sera aussi facile par cette Me-thode, d'entonner toutes sortes d'Airs & Parties de Musi-que, que le simple Chant de l'Eglise , car elle n'y met au-cune difference ; du moment que vous sçaurez bien celui-ci, vous aurez la satisfaction de pouvoir entonner également tout ce que la Musique peut produire, puis que ce sont tous les mêmes Nombres, marquez & disposez de la mesme ma-niere. Il est vray que si vous ne sçavez les Mesures d'ailleurs,

vous

vous ne les pourrez pas obferver regulierement , & que vous les ferez à voftre maniere , felon que la nature vous les dictera. Mais enfin c'eft toûjours un grand avantage que de fçavoir bien l'Intonation , puis que c'eft le point le plus important , & que de l'Intonation aux Mefures il n'y a , pour ainfi dire, que deux pas à faire. Lors que nous fatisferons à ce qui eft requis pour marquer nettement cette Partie principale, nous tafcherons de fatisfaire aufli à ce qui eft neceffaire pour marquer de mefme les Mefures , & le refte qui diftingue la Mufique.

Vous jugez affez par ce que nous avons dit cy-deffus, & par l'examen que vous aurez fait des Tables de l'Intonation, qu'une Octave feule ne fuffit pas pour tout le Chant. Il en faut au moins ajoûter deux à celle que nous avons marquée au commencement de cet Effai , & qui compofe la premiere de ces Tables ; L'une devant , afin que la voix puiffe emprunter d'elle les Degrez qui luy font neceffaires pour defcendre plus bas ; L'autre aprés, afin qu'elle y prenne ceux dont elle a befoin pour s'élever plus haut. Ce n'eft pas que la voix puiffe faire agreablement plus de deux Octaves, ou fi elle s'éleve quelques Degrez au deffus, c'eft par un effort qui eft moins naturel, & que nous appellons *Fauffet*; mais c'eft qu'elle peut commencer & finir ces deux Octaves indifferemment par tous les Degrez, & que dans le Chant il y a certaines Pieces qui defcendent fort bas, d'autres qui s'élevent fort haut, aufquelles il feroit impoffible de pouvoir fournir fi l'on n'admettoit trois Octaves entieres & confecutives. Le Plein Chant par exemple , defcend quelquefois jufqu'au cinquiéme Degré de la Premiere , & il s'éleve aufli quelquefois jufqu'au fixiéme Degré de la Troifiéme ; & la Mufique, à caufe de fes differentes Parties, épuife facilement toutes les trois. Mais cette multiplicité d'Octaves ne doit pas faire de peine , puifque toutes font la mefme chofe, & ne different feulement que d'élevation, l'une n'eftant rien que la Replique de l'autre, ou que le Premier Diapafon UT, placé en trois differens Éta-

ges. C'eſt d'où vient, que celui qui ſçait entonner le Plein-
Chant parfaitement , ſçait entonner la Muſique de meſme , ſans qu'il ait beſoin d'une ſeconde habitude, ſi ce n'eſt,
comme nous avons dit, pour en obſerver les Meſures; &
pareillement , que celui qui ſçait bien toucher quelque In-
ſtrument de Muſique , peut joüer deſſus à Livre ouvert,
encore que peut-eſtre il ne ſçache aucunement l'Art de
Chanter , nen ſeulement toutes ſortes de Chants, d'Airs,
& de Parties qui ſeront compoſées ou reduites par Nombres,
mais auſſi toutes ſortes de Tablatures , pourveu que l'In-
ſtrument qu'ilſçait toucher ait aſſez d'étenduë , & qu'elles
s'y puiſſent appliquer. Ce ſont là des avantages qui meritent bien , ce ſemble , qu'on y faſſe reflexion.

Vous diſtinguerez la Premiere ou plus baſſe de ces trois
Octaves, par un Point, que vous mettrez ſous chacun de ſes
Nombres: la Seconde ou moyenne, en laiſſant tous ſes Nombres ſimples : & la Troiſiéme ou plus haute, en mettant un
Point deſſus. L'Orgue & ſemblables Inſtrumens , dont on
a reglé l'étenduë ſur celle de l'Art , en exigent une Quatriéme qui réponde à leurs plus hautes Touches : ceux qui auront beſoin de la marquer, la peuvent diſtinguer en mettant deux Points ſur tous ſes Nombres : mais puiſque le
Chant ny les autres Inſtrumens ne l'exigent pas , ne l'e-
xigeons point non plus , & contentons nous des trois
Premieres. C'eſt avec un juſte déplaiſir, que nous ne pouvons pas encore vous les marquer de la maniere que nous
vous les décrivons , non plus que le Chant qui en dépend,
& que nous ſoyons obligez de les diſtinguer par ces deux
Nombres ſuperieurs 1 & 3 , que nous avons choiſis (dans la
neceſſité où nous nous ſommes trouvez d'admettre cet embarras ou un autre) comme les Signes qui nous ont parû les
plus propres pour exprimer ce que nous voulons qu'ils re-
preſentent, ſçavoir la Premiere & la Troiſiéme Octaves.
Ainſi ce caractere (1) eſtant mis aprés quelque Nombre,
vous doit faire ſouvenir que ce Nombre eſt un des Degrez
de la Premiere Octave, ſous lequel il ſeroit beſoin d'un

Point ; & celui-cy (³) qu'un tel Nombre eſt un des Degrez de la Troiſiéme, ſur lequel le Point devroit eſtre : & lors que ce Nombre ne ſera ſuivi d'aucun Signe , vous vous ſouviendrez que c'eſt un des Degrez de la Seconde Octave, que nous avons determinée à demeurer ſimple , parce qu'elle eſt celle qui regne le plus dans le Chant.

Voilà ſommairement ce que nous eſtimons de plus important & de plus neceſſaire pour faciliter la pratique de l'ART DE CHANTER, & pour donner l'intelligence de cette Methode à ceux qui croiront qu'elle leur puiſſe eſtre utile, & qui ne ſçavent pas le Chant ; car ceux qui le ſçavent n'ont point beſoin de nos Inſtructions pour la comprendre, non plus que pour l'enſeigner. Pour vous qui ne ſçavez pas cet Art, & qui ſouhaittez l'apprendre , vous pouvez encore voir le premier Eſſai, qui a eſté imprimé chez Monſieur LE PETIT. Vous y trouverez entre autres choſes, une Octave de Meſſes en Plein Chant, compoſée par d'excellens Maiſtres de Muſique, deſquelles vous pourrez vous ſervir utilement , ſoit pour vous exercer , ſoit pour chanter en Chœur. Et il vous ſera aiſé de les reduire en la maniere que nous obſervons ici, ſi vous le jugez à propos : neanmoins comme ce Plein Chant eſt Muſical , & conſequemment qu'il y a certains Nombres qu'il faut entonner plus legerement que les autres, vous oſterez la lettre (*l*) qui ſert à les marquer, & qui n'embaraſſe pas peu, & vous mettrez quelque autre Signe plus commode à la place, par exemple un Apoſtrophe ('), ou vous n'y mettrez rien du tout, & ce ſera peut eſtre le mieux.

Mais outre ces fondemens eſſentiels, voicy encore quelques circonſtances particulieres, qu'il ne ſera pas inutile de remarquer. Retenez donc,

1. Que chaque Nombre dénote un Son dans le Chant, & que ce Son eſt d'autant plus grave ou plus aigu, c'eſt à dire , plus bas ou plus haut, que ce Nombre qui le repreſente eſt plus abbaiſſé ou plus élevé dans ſon Octave , & que cette Octave eſt elle meſme plus baſſe ou plus haute,

Premiere, Seconde, ou Troisiéme. De sorte que s'il n'y a qu'un Nombre marqué immediatement apres une Syllabe, cette Syllabe ne doit recevoir que le Son qui est conforme à l'élevation qu'a ce Nombre, par rapport aux autres ; & s'il y en a plusieurs marquez de suite, ce que l'on appelle une *Liaison de Nombres ou de Notes*, ce sont autant de Sons differens, que cette Syllabe reçoit, & que vous devez entonner dessus clairement & distinctement, auparavant que de passer à la Syllabe qui suit.

2. Qu'il ne s'agit seulement, dans toute la suite du Chant, que de comparer deux Nombres ensemble, celui que vous entonnez actuellement avec celui que vous devez entonner aprés ; & que tous les deux sont necessairement ou de la mesme Octave, ou de deux Octaves qui se touchent, sçavoir l'un de la Premiere & l'autre de la Seconde, ou bien l'un de la Seconde & l'autre de la Troisiéme ; parce qu'autrement il y auroit quelque Intervalle plus étendu que l'Octave, ce qui est contre les Regles ordinaires de l'Art. Et partant il ne s'agit au plus, que de deux Octaves, subordonnées entre-elles, de mesme qu'il ne s'agit que de deux Nombres. Cela supposé, vous avez trois Maximes infaillibles pour ne pas vous tromper dans l'Intonation,

I. MAXIME. On doit monter, ou élever la voix, d'un moindre Nombre à un plus grand de la mesme Octave : & d'un plus grand ou d'un égal de l'Octave de dessous, à un moindre ou à un égal de l'Octave de dessus.

II. MAXIME. On doit descendre, ou abaisser la voix, d'un plus grand Nombre à un moindre de la mesme Octave : & d'un moindre ou d'un égal de l'Octave de dessus, à un plus grand ou à un égal de l'Octave de dessous.

III. MAXIME. On ne doit ny monter ny descendre, mais il faut tenir la voix en mesme état & faire toûjours l'Unisson, d'un Nombre égal à un Nombre égal, c'est à dire au mesme, de la mesme Octave.

3 Que nous mettons au commencement d'une Messe, d'un Respons, & par tout ailleurs où nous croyons qu'il en

est de besoin, l'un de ces trois mots, qui tiendront lieu de Mesure dans le Plein Chant : *Cantu gravi*, s'il faut chanter posément ou gravement ; *Cantu firmo*, si l'on doit chanter quarrément ou pleinement ; *Cantu levi*, si c'est rondement ou legerement. Un mot est peu de chose, mais estant bien appliqué il peut avoir un grand effet.

4. Que nous marquons encore au mesme lieu quatre Nombres, separez deux à deux par une étoille, ou par quelque autre Signe. Les deux premiers, qui montrent le Ton, sont la Finale & la Dominante du Chant : on les peut omettre quelque fois. La Finale est le Degré ou le Nombre sur lequel on finit : Il y en a de quatre sortes, sçavoir, 2 3 4 5. *Voyez la VI. Table.* La Dominante est le Degré principal, & celuy sur lequel on insiste le plus : Il y en a pareillement de quatre sortes, 4 6 1³ 2³. *Voyez la mesme Table.* Ceux qui sçavent chanter regulierement, observent comme une regle inviolable dans le Chant du Chœur, de prendre toûjours ces quatre Dominantes, quoy que fort differentes, en mesme élevation, à moins qu'il n'y ait quelque raison particuliere qui les en empesche ; & d'entonner les Versets, les Chapitres, les Leçons, les Oraisons, &c. au ton de ces Dominantes, ce qui fait que le Chant se trouve toûjours égal, ou en mesme teneur, parce que tous les Degrez ont une telle liaison entre eux, que l'élevation que l'on donne au premier, & qui se prend proportionnément à celle que l'on veut qu'ait la Dominante, est la regle de l'élevation de tous les autres. Les deux derniers Nombres sont le plus bas & le plus haut Degré du mesme Chant : on les doit toûjours marquer. Car par leur moyen on voit en un instant l'étenduë entiere de ce que l'on a à chanter ; & si l'on veut s'y conformer, comme on le doit faire, on prend & on donne toûjours le ton avec une extrême justesse, & l'on ne s'engage jamais ny plus haut ny plus bas qu'il n'est à propos ; mais on garde un certain temperament dans tout le Chant, qui fait l'une de ses principales beautez, & qui soulage grandement le Chœur.

SECONDE PARTIE.

PREUVES,

OBJECTIONS ET RE'PONSES.

C'Estoit ici le lieu de finir ; mais nous avons pensé qu'il ne seroit pas inutile , ny hors de sujet, qu'auparavant nous fissions en sorte de justifier nostre Dessein : & de satisfaire en mesme temps, à quelques Difficultez que l'on nous a faites.

PREUVES.

On sçait, & on ne le sçait que trop , qu'il se trouve deux grands defauts à l'égard de l'Office Divin, dans la plufpart des Eglises, singulierement de la campagne , où Dieu cependant ne merite pas moins d'estre bien servy & glorifié que dans celles des Villes, puis que ses bienfaits se répandent par tout, & que par tout il est également adorable. L'un de ces defauts est , que les Eglises y sont dépourveuës de Livres de Chant ; l'autre, qu'il s'y voit peu de personnes qui sçachent bien l'Art de Chanter : Ce qui est la cause qu'un nombre presqu'infiny de Fidelles, qui seroient spirituellement edifiez , & qui edifieroient les autres, en chantant unanimement les loüanges de Dieu, comme l'Apostre leur ordonne de faire , sont privez de cette consolation, à leur grand regret, & au grand prejudice de l'utilité que l'Eglise en pourroit recevoir. Ayant donc consideré & deploré ces deux maux, nous avons crû que nous pourrions rendre quelque service à l'Eglise & au public, si nous taschions d'y apporter quelque remede. Nous ne doutons point que beaucoup d'autres ne s'en fussent mieux acquitez que nous, si leurs emplois plus importans , leur eussent pû

permettre de l'entreprendre : mais enfin puis qu'ils ne l'ont
pas entrepris, & que d'autres ne l'ont pas fait, les meſmes
defauts renaiſſant & pullulant toûjours, nous avons crû
qu'il eſtoit de noſtre devoir d'executer la penſée que Dieu
nous avoit donnée de l'entreprendre. A cet effet, nous
nous ſommes appliquez, nous pouvons dire , avec quelque
ſorte d'opiniâtreté, à chercher quels ſeroient les moyens
les plus propres pour conduire ce deſſein à ſa fin, & il nous
a ſemblé, qu'il n'y en pouvoit avoir que deux. Le premier,
d'abreger en ſorte les Livres, que non ſeulement les Egliſes,
mais encore tous les particuliers en pûſſent eſtre fournis
abondamment, & à peu de frais. Le ſecond , de faciliter tellement le Chant, que tous pûſſent l'apprendre en
peu de temps, & ſans beaucoup de peine. C'eſt ce que nous
eſperons avoir fait, ou au moins eſtre en eſtat de pouvoir
faire : & voicy en peu de mots, les raiſons qui nous le
perſuadent.

  1. Si de quatre Lignes qui ſont dans le Plein Chant, &
de cinq ou davantage, qui ſe trouvent dans la Muſique, on
n'en retient qu'une ſeule, qui renferme nettement & me-
thodiquement autant & plus que ne font ces quatre & ces
cinq, il eſt viſible que l'abreviation eſt parfaite & entiere.
Or par noſtre premier Eſſai, nous avons reduit ces quatre
& cinq lignes en une ſeule, qui contient nettement &
diſtinctement autant & plus qu'elles ; & par celui-ci, nous
reduiſons les meſmes preſqu'à rien. Qu'on prenne par exemple la premiere Strophe d'un Hymne, où le Chant ſoit
marqué de cette maniere, on verra que vingt lignes y ſont
reduites à quatre : & de plus, nous donnons le moyen d'imprimer toutes ſortes de Chant auſſi promtement & auſſi cor-
rectement, que l'on imprime toutes ſortes de Diſcours, c'eſt
à dire, un Office entier du jour au landemain, comme on im-
primeroit un Eloge ou quelque Harangue ; quiconque a des
yeux n'en peut douter. L'abreviation eſt donc conſtante.
Voyons la facilité.

  II. Si l'on bannit du Chant tous les embarras qui en dé-

gouftent, & qui par leurs difficultez & leurs longueurs em-
pefchent qu'on ne l'apprenne ; & fi à la place, on fubftituë
les Signes les plus fimples, les plus expreffifs, & les plus naturels qu'il foit poffible de trouver ny d'imaginer , la facilité paroift grande. Or tout cela fe rencontre exactement
dans cette Methode. Il ne faut ny des années entieres pour
l'apprendre , ny des precautions fans fin pour la pratiquer;
il n'y a ny Clefs, ny Lignes , ny Muances , ny tous ces autres embarras rebutans qu'on a de couftume de voir , & il
ne s'agit en tout que de fept Nombres , qui font des Signes fi
intelligibles & fi fimples , que comme ce celebre Philofophe de noftre fiecle a dit , parlant des Principes de fa
Philofophie , quand on les fçait, on ne croit pas les avoir
jamais ignorez : qui fe diftinguent d'eux-mefmes, qui difent
ingenuëment ce qu'ils font, qui ne gefnent ny les yeux ny
l'imagination , qui roulent tous fur la mefme ligne , & ne
s'écartent aucunement de la lettre à laquelle on doit les
appliquer ; qui à quelque ufage qu'on les veüille employer,
foit pour la voix , foit pour les Inftrumens , ont toûjours la
mefme égalité & le mefme effet , dont les proportions en un
mot, ne changent non plus que les caracteres ; & enfin,
qui poffedent dans un fouverain degré , toutes les conditions que nous avons rapportées , comme avouëront tous
ceux qui y auront fait reflexion , & qui voudront agir fincerement & de bonne foy. Donc la facilité fe trouve
dans cette Methode, également comme l'abreviation. C'eft
ce qu'il faloit prouver. Voici les Difficultez que l'on
nous oppofe.

OBJECTIONS ET RÉPONSES.

1. *Si l'Intonation* , difent quelques-uns , *dépend princi-*
palement de la bonté des organes & de l'inflexion de la voix,
qui font de purs dons de la nature ; comment ofez-vous nous
promettre de la faciliter au point que vous dites , puis qu'il n'eft
pas en voftre pouvoir ? Nous répondons , que nous ne pretendons pas donner en effet, ce qui n'appartient qu'à la
naure ; fçavoir une voix plus nette & plus dégagée , ou
des

des organes plus flexibles & plus fermes que ceux qu'elle
a donnez, il feroit ridicule de le promettre, & nous ne le
promettons pas auſſi : mais que nous pouvons bien donner
ce qui eſt du reſſort de l'Art, c'eſt à dire, oſter tous les
obſtacles qui empeſchent que la voix n'avance en ſcien-
ce, autant qu'elle avanceroit, ſi elle n'en trouvoit aucun.
Un homme qui fait à peine trois lieuës, à travers des
montagnes & parmi des precipices, n'en feroit-il pas facilement dix, ſi on lui applaniſſoit le chemin, ou qu'il
marchaſt au milieu d'une raſe & douce campagne ? & n'en
feroit-il pas encore davantage, s'il montoit dans un ba-
teau & qu'il ſuiviſt le courant d'une riviere ?

II. *Nous ne voyons pas la meſme facilité dans cette Methode,*
ajoutent-ils. Ce n'eſt point une choſe ſurprenante, qu'ils
ne voyent pas ce qu'ils ne veulent point regarder, ny
qu'ils ne trouvent pas ce qu'ils ne cherchent point; mais
c'eſt une choſe qui doit ſurprendre, qu'ils avancent
cela, ſans s'eſtre donnez la peine de voir ſi cela eſt, ou s'il
n'eſt pas. Si telles perſonnes diſoient, la curioſité nous a
portez auſſi bien que tant d'autres, à examiner quel eſt
ce nouvel emploi qu'on veut donner aux Nombres, mais
nous n'avons pû y rien comprendre, ny découvrir aucune
des utilitez que l'Auteur en pretend tirer : & qu'ils diſſent
cela de bonne foi, peut eſtre qu'on les croiroit. Mais quand
ils débutent par dire, que ce ſont folies & bagatelles de
s'imaginer qu'on puiſſe donner quelque choſe de meilleur
que ce qui eſt en uſage, ou faire autre choſe que ce qui a
déja eſté fait, *Nihil ſub ſole novum* : & que ſur l'autorité
d'un paſſage auſſi mal entendu, & ſur des fondemens auſſi
foibles & auſſi fautifs que ſont ceux qu'une prevention
inveterée leur fournit, ils s'établiſſent le droit de decider, &
de juger ſouverainement de tout ce qui a l'honneur de leur
déplaire, & qui porte le caractere de nouveau, ſans vouloir eſtre obligez à en faire une plus ample ny une plus
exacte diſcuſſion, ils excuſeront ſi on ne leur ajoûte pas
foi. Et s'ils ne gouſtent point les avantages qu'on taſchoit

D

de leur procurer , la faute eſt de leur coſté,& ils ne doivent
en accuſer qu'eux-meſmes :

> *Vel quia nil rectum , niſi quod placuit ſibi , ducunt ;*
> *Vel quia turpe putant parere minoribus : & quæ*
> *Imberbes didicére , ſenes perdenda fateri.* Horat.

*Mais ſi des perſonnes dont vous faites eſtime , & à qui
ſans doute , vous aurez preſenté de vos premiers Eſſais , eſtoient
tombées dans les meſmes ſentimens que nous , que diriez-vous?*
Rien. Mais le Philoſophe Seneque pourroit répondre;
Perdenda ſunt multa Beneficia , ut ſemel ponas benè.

III.   On dit , qu'il y a furieuſement à reſver à des Nombres
qui ſont tous ſur une meſme ligne ; & qu'il n'en eſt pas ainſi des
Notes , qui hauſſent , & qui baiſſent , à proportion que la voix
doit monter , ou deſcendre. Il eſt vray qu'il y a à reſver aux
Nombres durant quelques momens , mais pour n'y reſver
plus jamais , & pour n'avoir plus aucuns embarras ; & il y
a à reſver aux Notes pendant pluſieurs mois,pour y reſver
encore tout le temps de ſa vie , & pour ſe voir perpetuelle-
ment embarraſſé. Ceux qui s'en ſont fait une coûtume par
la longue application qu'ils y ont apportée, n'y prennent
peut-eſtre plus garde; mais ce que nous avançons n'en eſt
pas moins vrai , & tous ceux qui commencent peuvent dire ce que c'en eſt. Quel embarras,de ſe voir aſſujetti à trois
diverſes Clefs, qui ouvrent tantoſt d'une maniere, tantoſt
d'une autre, & qui de compte fait,n'ont pas moins de ſeize
ou dix-ſept poſitions differentes? d'eſtre contraint d'avoir
un œil appliqué à lire la Lettre, l'autre à courir aprés des
Notes , tous les deux à conſulter la Clef, (ſi on ne la fait
ſuivre par la force de l'imagination) pour ſçavoir qui ſont
ces Notes , & comment elles s'appellent ? d'eſtre enfin
obligé à ſe tenir continuellement ſur ſes gardes, crainte
d'eſtre ſurpris par de faux Guidons, ou par de fauſſes poſitions de Clef, par des Notes douteuſes & mal placées,
par des Muances frequentes , par des Lignes ajoûtées , &
par mille autres accidens de cette nature , qui ſont ordinaires,& auſquels il faut reſver , ſous peine d'eſtre trompé?

Cette application est une gesne & une servitude.   C'est
faire cent lieuës de chemin, pour passer un trajet de quelques heures; & consumer une partie de la vie, à apprendre ce que l'on peut sçavoir en peu de jours.

Au reste, si les Nombres sont tous sur une mesme ligne,
le Clavier de l'Orgue justifie assez cette disposition, par
celle de ses Touches : Et si l'abaissement & l'élevation des
Notes renferment quelque utilité, on ne remarque peut-
estre pas, que c'est aussi ce qui cause la *routine*, qui est *le
poison du Chant*. Car ceux qui n'ont égard qu'à cet abaissement & à cette élevation de Notes, sans en juger que par
les yeux, ne mettent point de difference entre un Ton &
un Demiton ; ny entre une Consonance majeure & une
Consonance mineure, qui sont neantmoins des choses es-
sentielles. Comme ils voyent la mesme distance de part
& d'autre , ils croyent qu'il n'y a qu'à faire toûjours la
mesme élevation ou la mesme inflexion de voix ; ils la font,
& de cette maniere ils renversent l'ordre & toute la beauté du Chant. Mais dans les Nombres cela ne peut arriver;
quand on a appris à entonner une Consonance , soit majeure ou mineure, on l'entonne toûjours de la mesme maniere en quelque lieu qu'elle se trouve ; parce que , tout
ainsi que les mots, elle a ses propres caracteres, qui empeschent qu'on ne la prenne pour une autre, ou une autre
pour elle.

IV.   On dit, *que si le Chant devient aussi facile que nous
le pretendons , le mestier n'en vaudra plus rien.* C'est tout le
contraire, le métier va en estre bon. Quand les ouvriers
sont-ils davantage recherchez , que lors qu'il y a une plus
abondante moisson ? Si tout le monde veut apprendre le
Chant, ne faudra-t-il pas des Maistres à proportion, pour
l'enseigner ? Verroit-on, par exemple, tant d'Ecrivains Ju-
rez, si tout le monde n'apprenoit pas à écrire? *Il y aura
trop de ces Maistres,* dit-on, *les uns feront tort aux autres.* Cette
crainte est vaine, il n'y eut jamais trop de gens de bien. Et
est-ce à dire, que toutes les personnes qui manient har-

diment le pinceau, ou qui touchent delicatement les Inftrumens, faffent profeffion d'eftre Peintres, ny Muficiens?
ou que tous ceux qui fçavent fort bien faire des Vers, & en
juger, s'erigent en Poëtes? Dieu nous en garde.

V. On dit, *que cette Methode ne doit pas avoir cours*, &
on prouve cela bien diverfement : Les uns, *parce qu'elle eſt
trop nouvelle* : Mais tout ce qui a cours, n'a-t-il pas eſté
nouveau ? Les autres, *parce qu'elle eſt trop vieille, & que ce
n'eſt pas d'aujourd'huy qu'on ſe ſert de Nombres pour la Muſique, & pour les Inſtrumens; qu'on eſt rebatu de cela.* Ac-
cordons leur : Mais prennent-ils garde, que ce n'eſt pas
d'aujourd'huy non plus, qu'on ſe ſert de marbre & de
pierre de taille pour baſtir ? On les employe, & on les
met également en œuvre dans les ſuperbes Bâtimens du
Louvre, de Verſailles & de ſaint Cloud, comme on fai-
ſoit ailleurs il y a cent ans, & comme on fait encore dans
les maiſons bourgeoiſes : dira-t-on cependant, que ce ſoient
les meſmes deſſeins, & que les ſçavans Architectes qui s'y
ſont épuiſez & qui les conduiſent, n'ayent rien inventé,
ny ne donnent rien de nouveau ? En un mot, c'eſt que là,
ny ici, il ne s'agit point tant de la matiere, qu'il s'y agit
de la forme. Ceux qui ont dit, *que les* PP. Merſenne &
Kirker *avoient déja fait la meſme choſe*, auroient dû le
prouver.

VI. On inſiſte là deſſus, & l'on dit ; *Au moins vous ne
pouvez pas nier, que les anciens ne ſe ſoient ſervis de Nombres
pour marquer leur Muſique, puiſque l'Orateur Romain le dit en
termes exprés, & qu'il s'en voit encore des veſtiges dans d'autres
Auteurs : ainſi les Nombres que vous nous vantez tant, ne
ſont rien qu'une Invention éteinte que vous taſchez de faire revi-
vre, afin de vous attirer de la reputation par ce moyen ; & la
gloire que vous vous attribuez d'en eſtre les Auteurs, eſt une
gloire uſurpée, qui tournera à voſtre honte.* Si nous aſpirions à
d'autre gloire qu'à celle qu'il y a à rendre quelque ſervice à
l'Egliſe, & qui ſe peut partager ſans jalouſie ny envie, *Charitas non æmulatur*, nous aurions mal pris nos meſures, ſui-

vant les regles de la prudence humaine, pour y reüffir.Car,
comme a dit un Auteur, qui n'écrivoit jamais qu'il ne
trempaft fa plume dans le bon fens; Ceux qui font capa-"
bles d'inventer font rares; ceux qui n'inventent point "
font en plus grand nombre, & par confequent les plus "
forts. Et l'on voit que pour l'ordinaire, ils refufent aux "
Inventeurs la gloire qu'ils meritent, & qu'ils cherchent "
par leurs Inventions. S'ils s'obftinent à la vouloir avoir, "
& à traiter de mépris ceux qui n'inventent pas, tout ce "
qu'ils y gagnent, c'eft qu'on leur donne des noms ridicu-"
les, & qu'on les traite de vifionnaires. Il faut donc bien "
fe garder de fe piquer de cet avantage, tout grand qu'il "
eft; & l'on doit fe contenter d'eftre eftimé du petit nom-"
bre de ceux qui en connoiffent le prix. *Penfées de Mon-* "
fieur Pafcal. Ch. 31. Quant à ce que l'on objecte; *que c'eft*
une Invention enfevelie que nous voulons reffufciter; nous pourrions dire, que c'eft toûjours bien fait, à qui le peut, de
reffufciter un mort qui merite de vivre : mais qu'il y a beaucoup d'apparence que celui-cy n'a jamais vefcu, puifque
vrai-femblablement on ne l'euft pas laiffé mourir. Si Cice-
ron, Virgile, & quelques autres, NUMEROS *memini, fi*
verba tenerem, fe font expliquez par les termes de *Nombres*,
en parlant de la Mufique ou des Chanfons de ce temps-
là; on doit les entendre d'une autre maniere que ne fait
l'Objection, puis que les Nombres ou caracteres dont nous
nous fervons n'eftoient pas encore en ufage, & qu'il euft
efté fort incommode d'appliquer à la Mufique les Nombres
dont les Romains fe fervoient. Peut-eftre euft-on pû y
appliquer ceux dont fe fervent les Grecs, mais on doute fi
lettres fur lettres n'euffent pas fait un meflange confus.
Quoy qu'il en foit, nous répondons à l'Inftance principale,
Que fi les Anciens n'ont pas fait cette découverte, perfonne ne s'y eft oppofé, ils la devoient faire; & que s'ils
l'ont faite, c'eft un larcin qu'ils ont commis:

———*Dii malè perdant*   Steph. Pafchaf.
Antiquos, mea qui præripuère mihi.   l. 5. Epigram.

VII. Ceux qui ſçavent que nous n'avons point appris la Muſique, *s'étonnent de noſtre hardieſſe ; & demandent avec quelque ſorte de raiſon, comment nous oſons donner des Regles d'une choſe, que nous ne ſçavons pas ?* Si nous ne ſçavons pas chanter Muſique, c'eſt une perfection qui nous manque, avec grand nombre d'autres : Car outre que la Muſique eſt un Art agreable & bienſeant, quand on ne le prophane pas, & qu'on ne s'en ſert que tres à propos ; elle eſt encore fort utile, ſi l'on ne paſſe point les bornes de l'honneſteté, & de la pudeur, *Scilicet ingenium placita mollitur ab arte : .. aſperitáſque fugit.* Mais on remarquera, que ce qui eſt en nous un défaut de perfection, n'eſt pas un défaut de bonté dans noſtre deſſein. Celui qui a inventé l'Imprimerie l'a pû faire ſans parler toutes les langues, ny entendre tous les livres ; quoy que par cet Art il ait donné la facilité d'imprimer toutes ſortes de livres & en toutes ſortes de langues : peut-eſtre meſme que s'il les avoit ſçû, il n'euſt pas ſi bien reuſſi. Il en eſt ainſi de nous autres ; ce n'eſt pas une neceſſité que nous ſçachions chanter la Muſique, ny toucher les Inſtrumens, auſſi bien que les Maiſtres : mais puis que nous nous y ſommes engagez de bon gré, nous devons donner les moyens de marquer par Nombres, toutes les Piéces qu'il plaira aux Maiſtres de compoſer, ſoit pour les Inſtrumens, ſoit pour la voix. Nous avons déja dit, que nous ferions en ſorte de nous en acquiter : Et afin qu'on n'en doute point, voici des arrhes que nous donnons, & que l'on pourra retenir ſans ſcrupule, ſi nous ne pouvons pas faire mieux.

Quatre choſes ſont particulieres à la Muſique : le *Battement* de la Meſure ; les *Meſures* meſmes, ou les *valeurs des Sons* ; les *Pauſes*, ou les *valeurs du ſilence* ; & les *Agréemens.*

I. Il y a des Battemens de trois eſpéces ; à *quatre-temps*, à *trois temps*, & à *deux temps* : qui ſe font ou *gravement*, ou *legerement*. On marquera les uns & les autres par un Nombre, fermé de deux parenthéſes, qui exprimera & la quantité

des temps & la maniere du battement, en cette forte : (4.)
fignifiera que la Mefure eft *à quatre-temps gravement* , (4) *à
quatre-temps legerement* : (3.) *triple grave* , (3) *triple double,*
(3) *triple fimple* : (2.) *à deux temps gravement* , (2) *à deux temps
legerement.* On placera ce Nombre apres les deux extré-
mes dont nous avons parlé dans l'Introduction , *pag. 9. §. 4.*
& devant ceux-ci on en pourra encore marquer un autre,
qui fera le premier de la Piéce , mis dans l'élevation où il
doit eftre : & par le moyen duquel , lors que la Partie ou
voix principale aura pris fon ton , toutes les autres, fçauront
incontinent quel eft celui qu'elles doivent prendre. Un
exemple rendra ceci plus clair ; Suppofons un Deffus de
Mufique qui naturellement doive eftre élevé dans la Quatriéme Octave , & qui foit cependant tranfpofé dans la
Seconde, à caufe de la fimplicité & de la netteté de fes
Nombres : qui commence par 1, qui n'ait que fix degrez
d'étenduë, & dont il faille battre la Mefure à quatre temps
legerement. Tout cela fera nettement exprimé par les
quatre Nombres * 1⁺ * 1 6 * (4) * , qui fe mettront au commencement de cette Piéce : De cet exemple jugez du
refte.

2. Il y a cinq valeurs ordinaires des Sons, la *Mefure* , la
Demi-mefure , le *Temps* , le *Demi-temps* & le *Quart de Temps* ;
aufquelles répondent cinq autres valeurs pareilles, qui dénotent le filence ou le repos de la voix : la *Paufe* , la *Demi-
paufe* , le *Soûpir* , le *Demi foûpir* , & le *Quart de foûpir.* Vous
pouvez fatisfaire à ces deux fortes de valeurs , avec les
mefmes Signes dont on fe fert maintenant pour marquer les
Paufes ; Vous les connoiffez. Si vous placez ces Paufes fous
des Nombres, elles marqueront la mefure des Sons ; fi au
contraire vous ne mettez aucuns Nombres deffus , elles
demeureront Paufes en effet : cela femble aifé , puis que les
Nombres font des Signes naturels , & que ces Paufes font
des Signes connûs. Mais vous marquerez la Mefure & la
Paufe entiere, par un τ *Tau* ; parce qu'autrement, on le con-
fondroit avec la Demi-mefure & la Demi-paufe : Et lors

qu'il y aura plusieurs Pauses entieres de suite, vous les re-
duirez si vous voulez à un seul Nombre, qui en marquera la
quantité, & que vous distinguerez de ceux qui representent
les Sons, en mettant une étoille, ou seulement une croix
au dessus. Le Point · mis aprés quelqu'un de ces Signes, en
augmente la valeur de moitié, comme il se pratique dans la
Methode ordinaire : & la *partition des Mesures* se fait de mesme, en coupant la ligne par un trait de plume. Vous pouvez mesme marquer le *Temps*, qui est la valeur qui se rencontre le plus frequemment dans la Musique, n'ajoûtant
rien aux Nombres qui doivent avoir cette valeur : Ce
sera autant d'abregé. En ce cas, le Point seul aprés ces
Nombres, vaudra un *Temps & demy*.

3. Il y a, tant pour la voix que pour les Instrumens, des
Agréemens sans nombre : chaque Maistre à les siens, & les
marque en sa maniere ; ainsi nous n'avons point en cela,
de regles à donner. Retournons à nos Objections & à nostre sujet.

VIII. A dire le vray, toutes celles qu'on nous a faites
sont plus specieuses qu'elles ne sont pressantes ; mais en
voici une qui est plus pressante qu'elle n'est specieuse, car
on y renferme generalement tout ce qui se peut dire de fort
contre cette Methode. 1. *A quelle fin, dit-on, cette nouvelle
maniere de marquer le Chant ? & à qui sera-t-elle utile ? Les
Eglises, pour qui elle semble estre particulierement destinée, sont
fournies de Livres de grand prix ; les doit-on quitter, pour prendre ceux qu'une Invention qui ne fait que naistre, nous promet ?
2. Ou si enfin elle reussit, que deviendront les premiers, puis qu'elle est incompatible avec ? faudra-t-il les abandonner à la pous-
siere, & jetter tous les Pupitres au feu ? 3. Au reste, on s'est
bien passé jusqu'à present, des Livres que cette Methode fait
esperer, on s'en passera donc bien encore : Et puis qu'il y en
a tant d'autres, à quoy bon cette nouveauté ? pourquoy nous
venir obliger à faire des frais inutiles ?* C'est ainsi que la prevention la plus determinée s'explique, appuyée qu'elle est
de certains prejugez dont il n'est pas facile de venir à bout.

Ne

Ne laiſſons pas toutefois de luy répondre : On perd une bonne cauſe faute de la défendre. Nous répondons donc

1. A la premiere de ces Inſtances , premierement ; Que ſi l'on euſt toûjours tenu un tel langage, & que chacun ſe fuſt opiniaſtré à vouloir rejetter tant d'inventions, & de nouvelles découvertes qui ſe ſont faites dans chaque ſiécle, la pluſpart des Arts, de meſme que les merveilles des Méchaniques, ſeroient encore aujourd'hui inconnus & entierement enſevelis : & quantité de choſes nous ſeroient cachées, qui ne ſont pas moins agreables & utiles à l'eſprit, qu'elles ſont neceſſaires ou commodes à la vie ; & deſquelles nous recüeillons maintenant le fruit avec plaiſir , par la bonté & par la Providence de Dieu , qui s'eſt ſervi du travail & de la main des autres pour nous les donner, ſans qu'elles nous ayent rien couſté que la peine de les recevoir & de les retenir. En ſecond lieu , nous répondons plus preciſément au ſujet ; Que pour une Egliſe qu'on nous ſuppoſe entierement fournie de Livres , nous en montrerons mille ou qui n'en ont point du tout , ou qui n'ont à peine que la moindre partie de ceux qu'il leur faudroit, encore ſont-ils, pour la pluſpart , en un pitoyable état : C'eſt là une choſe de fait , la balance eſt-elle bien égale ? Ainſi s'il y a quelques Egliſes auſquelles cette nouvelle maniere de marquer le Chant ne ſoit pas neceſſaire ; on ne peut diſconvenir qu'il n'y en ait une infinité d'autres auſquelles elle ſera tres utile. Mais paſſons plus avant, & l'on avoüera qu'elle peut eſtre utile à toutes. Car ſuppoſé la facilité & l'abbreviation que nous avons montrées, & dont on ne peut douter.

IL S'ENSUIT,

1. Qu'on apprendra le Chant de l'Egliſe en moins de temps & avec plus de facilité qu'on n'a encore fait : & qu'on ne le ſçaura pas ſuperficiellement ny par routine , mais ſolidement & parfaitement : & de

plus, qu'on pourra l'appliquer avec une grande facilité, à toutes fortes d'Instrumens , & la Musique pareillement.

2. Que ceux qui auront les dispositions de la voix , se feront vo-
lontiers instruire d'un Art qui leur est si convenable, & qu'ils trouveront si facile à acquerir : & que toutes les personnes Ecclesiastiques, qui par l'engagement de leur ministere sont obligez de le sçavoir , n'auront pas de pretextes legitimes pour s'excuser de l'apprendre. En effet , qui doit plustost l'apprendre , que ceux qui le
doivent pratiquer ? & qui doit plus le pratiquer, que ceux qui sont
consacrez au culte des Autels ? car comme dit elegamment en un autre sujet , un fameux Poëte étranger ;

> *E s'ogn'vn dè prigare*
> *Ove il bisogno sia,*
> *E sperar ne gli Dei :*
> *Quanto più cio conviene*
> *A chi da lor deriva ?*

ce qu'un des nostres a rendu en ces termes ;

> *Si pour nous attirer des faveurs non communes ,*
> *Nous devons implorer tousiours*
> *La puissance des Dieux , & leur divin secours,*
> *Dans nos cruelles infortunes*
> *Qui troublent ici bas le repos de nos iours :*
> *Combien celui qui descend de leur race,*
> *Doit-il plus iustement en implorer la grace ?*

3. Que l'ignorance & la temerité des Ecrivains ou Copistes qui
ont corrompu & alteré la pluspart des Livres, se trouveront arrestées
par ce moyen : & que le Chant sera parfaitement uniforme dans toutes les Eglises d'un mesme Diocése, dans tous les Monasteres d'un
mesme Ordre, & dans toutes les Maisons d'une mesme Congrega-
tion.   Il y a mesme quantité de Congregations Religieuses, que
la pieté rend d'ailleurs fort recommandables, mais où l'on ne chante pas le Divin Office, peut-estre parce que leur pauvreté ne leur per-
met pas d'acheter les Livres qui seroient necessaires dans tous leurs
Chœurs, lesquelles voyant ces Livres si communs, si aisez & si commodes, pourront prendre le Chant ; qui ne les rendra pas moins
agreables à Dieu , ny moins utiles au prochain , ny plus à charge à
eux-mesmes : témoin ces belles paroles de saint Bernard à un Ab-
bé de saint Denys : *Porro continentia labor , & rigor disciplina,*
PSALMORUM HYMNORUMQUE DULCEDINE *re-
levantur.* Epist. 78.

4. Que toutes les Eglises & tous les particuliers seront abondamment fournis de Livres , qui cousteront peu & seront d'une extréme
commodité.   Car enfin , puisqu'il en faut donner un exemple,
n'est-ce pas une commodité extréme & beaucoup d'épargne en même

temps , que d'avoir le Breviaire & le Miſſel (il n'y a point d'Egliſes ny d'Eccleſiaſtiques qui n'en ayent beſoin) avec tout le Chant duément inſeré , qui ne couſteront ny ne peſeront pas plus que font maintenant les Breviaires & les Miſſels ſimples , & qui feront neanmoins deux fois plus d'uſage , puis qu'ils ſerviront également pour reciter l'Office dans le particulier, & pour le chanter en Chœur ? Les Nombres n'empeſchent point qu'on ne liſe les paroles, ny les paroles qu'on ne diſcerne les Nombres , encore que tous les deux ne faſſent qu'une meſme ligne.   Cela veut dire proprement, qu'on aura l'ANTIPHONAIRE entier & le GRADUEL entier, corrects , commodes, & uniformes , qui ne couſteront rien ny ne peſeront rien.   Et ſi l'on veut faire un Abregé où l'on ne mette preciſément que les Pſeaumes, les Hymnes , & ce qui ſe chante maintenant ſur les Pupitres ; l'on renfermera en un ſeul Livre de poche dans lequel il n'y aura rien à deſirer , tout ce qui remplit preſentement pluſieurs gros Volumes qui ne ſont pas quelquefois des plus corrects, & qui couſtent cependant des ſommes immenſes.   Mais quand cela ne ſe feroit pas, quiconque ſçait écrire & a la moindre téinture du Chant , peut, aux dépens de deux heures chaque Semaine , reduire par Nombres ſur une demi feüille de papier, ce qui ſe doit chanter le Dimanche , & avoir par ce moyen tout le Chant de l'Egliſe au bout de l'année , en petits cahiers , qui ſeront conformes aux Livres, & apporteront une utilité & une commodité qui parlent d'elles-meſmes.   Pluſieurs cherchent à s'occuper : peut-on trouver une occupation plus honneſte & plus douce que celle-là ?

Ils diront peut eſtre , qu'aucun ne pourra ſe ſervir de ces Livres ny de ces Reductions , & partant que l'avantage dont nous les flattons leur ſera inutile : mais ils ne le prouveront pas.   Car c'eſt une choſe conſtante , & dont on a autant d'experiences qu'il y a eu de perſonnes qui ſe ſont voulu donner la peine de la faire, que celui qui ſçait bien le Chant par la Methode ordinaire , ſe rend parfait dans celle-cy en peu d'heures.   Mais ſuppoſons qu'il y faluſt quelques jours , ou ſi vous voulez une Semaine entiere ; une Semaine ſeroit-elle à plaindre pour joüir d'une commodité qui doit durer autant que la vie ? & eſt-ce payer la milliéme partie d'un bien conſiderable, quand on l'acquiert avec ſi peu de peine ? Si l'on demande maintenant comment il faut faire cette reduction des Notes aux Nombres ; Cela eſt aiſé, il n'y a qu'à ſe ſouvenir quel Nombre doit eſtre mis à la place de chaque Clef , & ſachant quel eſt celuy-là , on connoiſtra facilement tous les autres.   Il y a trois Clefs differentes ; la Clef de *F. Vt. Fa.* celle de *C. Sol. Vt. Fa.* & celle de *G. Ré. Sol. Vt.* qui n'eſt neceſſaire que pour la Muſique , leſquelles eſtant ſuivies immediatement d'un b. marquent le Chant de B. mol, & n'ayant aucun b. aprés elles , marquent celuy de B. quarre.   Soit B. mol , ſoit B

quatre, vous mettrez toûjours 4 pour F. *Vt. Fa.* toûjours 1 pour
C. *Sol. Vt. Fa.* toûjours 5 pour G. *Re. Sol. Vt* : cela est invariable, excep-
té que vous pouvez transposer tous ces degrez une Octave plus haut
ou plus bas.　Et quand le Chant sera par B. mol, vous trancherez
seulement tous les 7 qui se rencontrent, sans y faire d'autre changement, ainsi que nous avons dit ailleurs.

5.　Qu'on peut par consequent esperer, que l'Office Divin sera
celebré en beaucoup de lieux, plus solemnellement & plus souvent
qu'il n'est pas : que pour le moins il se fera avec plus de tranquillité &
plus d'ordre qu'il ne s'y en voit : puis que tous pourront chanter à
leurs places, & éviteront par ce moyen, quantité d'allées & de ve-
nuës importunes qu'on est obligé de faire, & qui troublant ordinairement l'attention qu'il faudroit apporter, nous privent du fruit
principal que nous devrions recueillir.

6.　Que les Chœurs en seront plus nombreux, & non seulement
plus nombreux, mais presque toûjours également remplis : puis que
l'on n'aura plus besoin pour chanter quoy que ce soit, de quitter le
lieu où l'on est, ny de s'approcher du Pupitre, où quatre personnes
en empeschent ordinairement quarante de voir.　D'où vient aussi que
la pluspart ne s'y presentent pas ; ce qui met une inegalité fort desagreable dans le Chant, ou cause des dissonances & des cacophonies
tres-choquantes parmy les voix.

7.　Qu'il pourra mesme heureusement arriver, que les Eglises, &
& entre autres celles des Paroisses, en seront plus frequentées durant les Divins Offices, au moins les Jours de Festes & de Dimanche.
Car c'est un abus qui ne se peut pas dissimuler, & une honte qui devroit estre sensible aux Catholiques, qu'en ce temps-là & dans ces
Jours-là elles soient desertes : & que la pluspart ayent l'esprit preve-
nu de cette opinion coupable ; Qu'ils ne sont obligez qu'à entendre
simplement une Messe, & non à assister au reste des Divins Offices
qui se celebrent, pretendant qu'il ny ait d'engagement que pour les
seuls Ecclesiastiques.　Comme si Dieu ne meritoit pas bien, aprés
nous avoir tous conservez, nourris, entretenus, & fait une infinité
d'autres faveurs pendant la Semaine, que nous employassions pour le
moins, deux ou trois heures le Dimanche, & les Festes solemnelles,
à l'en remercier tous ensemble ? Les brutes ne sont pas ingrates envers nous, & nous le sommes envers Dieu ! *Deteriores iumentis insi-*
pientibus.　Et comme si ce Precepte du Decalogue, *Memento ut*
diem Sabbati sanctifices. Sex diebus operaberis, & facies omnia opera
tua.　Septimo autem die, Sabbatum Domini Dei tui est. Exod. 20. b.
Souvenez-vous de sanctifier le iour du Sabbat.　Vous travaillerez
durant six iours, & ferez tous vos ouvrages. Mais sachez, que le
septiéme, vous devez vacquer au mien, & que ce iour est le repos du
Seigneur vostre Dieu : comme si ce precepte, dis-je, qui nous est si ex-

preſſément & ſi fortement inculqué, n'avoit pas eſté donné également pour tous, & qu'il fuſt permis à quelques-uns de le violer impu-
nément, & de paſſer un Jour ſi ſaint dans les diſſolutions, dans le jeu,
& dans les débauches, ainſi que font pluſieurs, à l'opprobre du Chri-
ſtianiſme, & au grand ſcandale de l'Egliſe, dont ils des-honorent la
ſainteté ? Ou enfin, comme ſi l'on pouvoit mieux ſanctifier un
Jour que Dieu s'eſt particulierement reſervé pour ſon culte, qu'en
l'employant à chanter ſes loüanges & à le benir ? Or il y a beaucoup
de vray-ſemblance, que ſi l'on ſçavoit communément le Chant, &
qu'on euſt les Livres à commodité, on s'occuperoit ſaintement de
meſme que les perſonnes Eccleſiaſtiques, pour le moins durant ces
heures & dans ces Jours; & que pluſieurs ſanctifieroient ce qu'ils
prophanent en tant de manieres.

8. Enfin, Que la Jeuneſſe, qu'il eſt de la derniere importance d'é-
lever de bonne heure dans la pieté & dans la modeſtie, *Quo ſemel
eſt imbuta recens, ſervabit odorem Teſta diu*, ne peut pas avoir un
plus beau champ pour pratiquer ces deux vertus, qui font ſon
plus bel ornement : & qu'on ne peut pas trouver un artifice plus propre ny plus innocent pour la rendre tres-aſſiduë à l'Egliſe & au
ſervice Divin, & pour faire qu'en évitant la perte du temps, elle évi-
te auſſi beaucoup d'occaſions où elle n'apprend que le mal, & quantité de mauvais exemples qui ne luy en inſpirent que la pratique &
qu'elle ne manque pas d'imiter, ſinon en luy faiſant apprendre le
Chant, qui eſt neceſſaire à cette fin, qu'on peut ajoûter utilement à
ſon éducation, & qui n'ayant rien de geſnant de la maniere que
nous le donnons, ne peut qu'il ne luy ſoit agreable. Lors qu'elle le
ſçaura, & qu'on le luy fera appliquer au ſervice de l'Egliſe, comme
il eſt facile de faire : l'Egliſe en recevra de l'edification, les Peres
& les Meres en auront de la joye, & ces Enfans en éprouveront eux-
meſmes l'utilité, à meſure qu'ils avanceront en âge : *Bonum eſt vi-
ro, cum portaverit iugum ab adoleſcentia ſua.* Thren. 3. d. *C'eſt un
grand bon-heur pour un homme*, dit l'Ecriture ſainte, *quand il a
embraſſé le joug de Dieu dés ſa plus tendre ieuneſſe.* Il ſemble que
tant de choſes doivent ſuffire pour ſatisfaire à la premiere Inſtance.

Nous répondons à la Seconde; Que cette nouvelle maniere de marquer le Chant n'eſt pas ſi incompatible avec
la maniere ordinaire, que pour s'en ſervir il faille jetter à la
pouſſiere tous les Livres que l'ancienne a donnez : ce ſeroit
tres-grand dommage, & nous ne demandons pas une vi-
ctoire ſi cruelle ny ſi ſanglante.

Il y a une voye de pacification : c'eſt que comme le

Chant fera le mefme dans l'une & dans l'autre maniere, & que les Livres qui s'imprimeront feront pris fur ceux que l'on a maintenant, rien ne doit empefcher que les perfonnes qui ne voudront pas quitter la maniere ordinaire, ne chantent dans les mêmes Livres qu'ils ont de coûtume; & que ceux qui auront appris à chanter par celle-cy, ne fe fervent au contraire, ou des Copies manufcrites qu'ils auront faites pour leur commodité, ou des Livres que l'on aura imprimez : & que les uns & les autres ne s'accordent parfaitement ; qui eft l'unique chofe dont il s'agit, & pour laquelle il y auroit à apprehender. Mais enfin, quand il arriveroit que l'ufage des Nombres prevaluft fur celui des Notes, comme en effet cela peut arriver, ce ne pourroit eftre que parce qu'on y trouvera une plus grande commodité, ou pour donner lieu à un plus grand bien, comme nous l'avons fait remarquer : & il n'en faut pas davantage que cela pour fatisfaire fur ce point, tous les hommes de bon fens. Il n'eft rien qui s'oublie fi facilement, qu'une perte qu'on voit reparée par d'heureufes fuites.

Pour les Pupitres, on ne croit pas que perfonne s'intereffe grandement dans leur confervation ; puis qu'on ne s'en fert, ou pluftoft qu'on ne les fouffre, que parce que l'on ne peut s'en paffer. Un fameux Architecte fit il n'y a pas long-temps, une agreable & judicieufe réponfe, qui vient bien à ce propos. S'il n'eftoit habile que dans l'Architecture, nous ne le citerions pas au fujet du Chant : mais puifqu'il eft de l'une des plus celebres Congregations qui foit dans l'Eglife, & dans laquelle on chante le mieux & avec plus d'édification, c'eft à dire, puis qu'il eft Chanoine Regulier de faint Auguftin, nous pouvons bien le citer, nous parlons d'une chofe à laquelle il doit fe connoiftre. Eftant donc entré dans l'un des plus beaux Chœurs de cette Ville, où il eftoit appellé, & y appercevant d'abord un Pupitre ample & magnifique, qui, à

ce que l'on croyoit , n'en faisoit pas le moindre ornement:
Que j'aurois , dit-il , *un bien plus beau dessein touchant ce
Pupitre!* Et comme on l'eut prié de le vouloir dire, afin qu'on
le suivist : *Ce seroit* , repondit-il, *de l'oster.* Peut-estre ne l'a-
t-on pas fait : Mais enfin il est certain qu'il ne pouvoit
dire mieux , ny en moins de paroles. Et s'il faut donner
la raison d'une réponse si décisive : Qu'y a-t-il dans une
Eglise qui merite plus d'estre vû que le Prestre & l'Autel?
& y a-t-il rien cependant qui nous les cache davantage
que font les Pupitres & les Livres ? Ce n'est pas toutefois,
qu'on ne puisse donner tout le Chant de l'Eglise abregé
de la maniere que nous le proposons dans cet Essai , avec
de la lettre plus belle & encore plus apparente , que n'est
la plus belle & la plus apparente qui soit maintenant sur
aucuns Pupitres , si l'on juge que cela soit expedient : car
il est facile, puis que l'on a en main des caracteres de toutes sortes de grandeurs.

3. Nous pourrions répondre à la troisiéme & derniere
Instance ; Que l'on s'estoit pareillement bien passé de Livres imprimez auparavant que l'Art d'imprimer fust con-
nû , & que cela n'a pas empesché qu'ils n'ayent esté receus
& qu'ils ne soient utiles au delà de ce que l'on peut croire.
Et afin que cette réponse eust plus de force, nous ferions
voir; Que quand cet Art commença à paroistre (il y a deux
cents quarante ans ou environ) l'on écrivoit toutes sortes
de Livres en perfection, comme on pourroit les noter à
present : Qu'on estoit accoûtumé à ne lire que des Manuscrits, comme on est maintenant accoûtumé à ne chanter
qu'à Notes : Que l'usage de ces Manuscrits estoit plus ancien & encore mieux établi , que n'est pas l'usage des Notes : Que les Bibliotheques en estoient mieux fournies sans
comparaison, que ne sont nos Eglises de Livres de Chant:
Que l'Invention de l'Imprimerie causa un changement dans
la Republique & dans le commerce des Lettres , qui ne s'y
estoit jamais vû ; & que vray-semblablement , il se trou-

va dans ce temps-là des hommes intereſſez, qui n'approu-
voient qu'à peine ce qu'ils croyoient leur devoir porter
prejudice : & d'autres, qui animez d'une paſſion encore plus
criminelle & plus honteuſe, euſſent voulu pouvoir étouffer dans le berceau, un bien naiſſant qui devoit eſtre utile à
tous & que leur malignité ne pouvoit ſouffrir. A quoy
nous pourrions ajoûter ; Que cette Invention, ſi utile & ſi
admirable, ne s'eſt pas vuë dés le premier jour dans la perfection & l'état pompeux où nous la voyons à preſent ; &
& que c'eſt le ſort de toutes les Inventions nouvelles, qui
imitent en cela les productions de la nature, d'avoir des
commencemens fort foibles & des principes aſſez ſimples,
mais que les ſuites en ſont toûjours avantageuſes, ſur tout
lorsque le ſujet le merite, & que ces Inventions ſont arri-
vées à un certain degré de perfection qu'on ne peut leur
donner qu'avec le temps & le travail. Mais laiſſons ce
parallele, qui ſeroit temeraire & odieux en noſtre bouche,
& répondons ſeulement à ceux qui demandent ; *A quoy bon
cette nouveauté ? & pourquoy les vouloir obliger à des frais
inutiles, vû qu'il y a tant d'autres Livres de Chant ?* en leur
demandant à noſtre tour ; *A quoy bon ces Editions nouvelles
qui ſe font tous les jours, par exemple des Peres de l'Egliſe ?
N'y en a-t-il pas aſſez dans les Cabinets & dans les Bibliotheques, ſans nous obliger encore à de nouveaux frais, ſous pre-
texte de quelques additions, corrections, ou changemens que l'on
y fait ?* Mais parlons ſerieuſement : Ce ſçavant & illuſtre
Corps qui travaille depuis ſi long-temps avec tant d'application & de peines, qui n'épargne rien enfin, pour nous
donner une Edition de ſaint Auguſtin plus achevée que
toutes celles qui ont precedé, eſt donc à ce compte, bien
abuſé & bien peu éclairé ? Quoi ! il travailleroit inutilement ?
& ſon zéle ne meriteroit aucune eſtime ? C'eſt une choſe qui
ne ſe doit pas même penſer : mais elle nous donne lieu de faire ici une Reflexion avec laquelle nous devons finir.

Si ces Reverends Peres pouvoient trouver le ſecret, de
donner

donner dorefnavant , au lieu des dix ou douze Volumes
qu'ils nous preparent , tout S. Auguftin renfermé en un
feul, qu'on portaft avec foi, qui fuft auffi beau , auffi ample, & auffi correct que le feront ces dix , & qui coûtaft
dix fois moins : combien tous les Predicateurs qui doiven[t]
puifer dans cette fource , tous les Savans qui doivent étu[t]
dier dans ce livre , tous les Pafteurs & Directeurs qui doivent eftre éclairez de cette lumiere ; combien enfin toute
la pofterité qui n'aura pas moins de veneration pour ce
S. Docteur que nous en avons, leur feroit-elle encore plus
redevable , & en leurs perfonnes à ce grand Ordre , qui
depuis onze fiecles a toûjours fi bien merité de l'Eglife ?
Nous ne demandons pas qu'on nous ait une pareille obligation , ni même qu'on nous en ait aucune , pour fi peu
de chofe que nous donnons & pour fi peu que nous avons
fait : mais enfin il eft vrai , que nous donnons lieu de faire la même chofe pour tout le Chant de l'Eglife , qu'il
feroit à fouhaitter que quelqu'un puft faire pour tous les
Ouvrages de faint Auguftin.

IX. Il nous eftoit échappé une Objection qui vaut beaucoup : mais elle re-
vient ici fort à propos , pour laiffer , comme on dit , fur la bonne bouche. *Quoi !
n'eft-ce que cela* , difent quelques-uns parlant de cette Methode : *Où eft celui qui
n'en euft pas bien fait autant ? Il y avoit donc grandement à travailler à mettre fept
Nombres de fuite pour marquer les fept degrez de l'Octave, & à en faire la replique avec
un Point deffus , s'il s'agit de monter plus haut , ou avec un Point deffous , s'il faut defcendre plus bas ? Mettons fept lettres, ou les autres fignes que nous voudrons, au lieu
de ces fept Nombres, & repetons les autant de fois qu'il le faudra avec quelque marque
qui les diftingue, n'aurons-nous pas fait la même chofe ? Trouvera-t-on un Enfant
qui s'y puft tromper, & qui ne vinft facilement à bout de cela ?* Il eft vrai qu'il n'y avoit
que cela à faire : mais il le faloit faire , & heureufement nous l'avons fait. Au
refte, voilà ce que nous difions des Principes de ce celebre Philofophe , abondamment juftifié à l'égard de cette Methode. Elle paroift fi fimple & fi intelligible à ceux mefme qui la combattent , qu'ils ne peuvent s'imaginer qu'ils
l'ayent jamais ignorée , ny que perfonne puiffe l'ignorer. Donnez leur
maintenant telle matiere qu'il vous plaira (on laiffe cependant à déci-
der à ceux qui jugent bien , s'il y en a de plus propre ou plus naturelle
que celle dont nous avons fait choix , & qu'il n'eft pas impoffible de rendre plus belle & plus jufte ,) ils s'offrent d'y trouver auffi-toft cette Minerve.
Pourrions nous montrer d'une maniere plus convaincante, quand nous l'aurions
entrepris , la bonté & l'utilité de cette Invention? Et pouvoit on jamais nous
faire une Objection plus avantageufe & plus agreable que celle-là ? ID ENIM
IUCUNDIUS , CUM QUI NOCERE INTENDUNT , PROSUNT ET
NOLENTES. *S. Bern. Serm. 30. in Cantic.*

X. Si quelques-uns trouvent étrange de ne voir encore qu'un Essai, après beaucoup de promesses : & que de là ils croyent avoir sujet de blâmer cette entreprise, & de pouvoir dire avec Horace ;

Quid dignum tanto feret hic promissor hiatu ?
Parturient montes, nascetur ridiculus mus.

On les supplie de suspendre leur jugement pour quelque temps : & de se souvenir, qu'il y a grande difference entre inventer & imiter, avoir toutes choses à son gré & manquer de tout, faire ce que l'on veut, & faire ce que l'on peut. Nous ne leur souhaittons pas une semblable peine ny de semblables disgraces ; mais si par malheur ils s'y trouvoient jamais engagez, ils apprendroient, entre autres choses, qu'une Invention ne se jette pas en moule, comme on y jette une masse de metal ou une machine de guerre : & que quoi qu'on dise communément, *qu'il est aisé d'ajoûter aux choses trouvées ou inventées,* il est toutefois certain, qu'elles ne se polissent & ne s'achevent qu'à coups de marteau & à force de bras ; encore faut-il souvent des siecles entiers pour en venir à bout, & pour les mettre dans un estat où rien ne leur manque. Il n'en faut point d'autres preuves que l'Invention de l'Imprimerie, que tant de monde & tant de gents d'esprit avoient interest de conduire à sa perfection. On sait neanmoins par combien de degrez il a falu qu'elle ait passé, auparavant qu'on ait pû la porter au point où elle est. C'est tout dire, que le hazard peut bien quelfois contribuer à la découverte d'une Invention nouvelle, mais que pour y donner les derniers traits, il faut ordinairement employer des peines & des soins incroyables : & que si celle que nous avons entre les mains n'a point encore tout le lustre qu'on lui peut donner, elle n'a pas aussi tant couté d'années que celle que nous apportons pour exemple a déja cousté de siecles. Quoi que cette consideration ne doive ni ne puisse pas nous remplir d'une plus grande opinion de nous mesmes, cependant elle est capable, non seulement d'affermir un homme qui floteroit entre l'esperance & la crainte ; mais encore de relever un courage qui se trouveroit abbattu par le desespoir de ne pouvoir pas reüssir.

NIHIL SIMUL

ET INVENTUM EST,

ET PERFECTUM.

Cic.

* *On a oublié de dire aux pages 19. & 20. où l'on a parlé de la Musique, que les signes des valeurs, seront mieux placez sur les Nombres que dessous : que les Chiffres qui denotent des Pauses seront plus promptement distinguez par un circonflexe ^ que par une étoille * : & qu'il sera mieux de marquer la Mesure finale d'une Piece par un trait de plume, -- que de la confondre avec la Mesure ordinaire.*

Ceux qui pour des raisons particulieres, jugeront à propos de diversifier les Nombres dans le Plain-Chant, comme il s'y voit certaines Notes, que chaque Copiste dispose à son gré ; peuvent choisir quelques-uns de ceux-là, ou en faire graver exprés, avec tels signes qu'ils y voudront ajoûter. Mais à dire le vrai, on ne croit pas que cette varieté y soit fort necessaire, au moins selon l'Etimologie du mot, car *Plain-Chant,* comme on sait, vient de *Plano Cantu,* ce qui marque que tout y doit être égal, simple, & uniforme. Et en effet, nous ne voyons point qu'on observe cette varieté dans les lieux où l'on chante le plus regulierement. Il semble mesme, que ce soit en quelque maniere corrompre le Plain-Chant, & en faire un *Chant Eterogène,* ou composé de parties de diverse nature. Quoi qu'il en soit, (car c'est de quoi nous ne voulons pas juger,) c'est un embarras & une sujétion importune, dont on pourroit se passer sans aucun inconvenient : mais chacun abonde en son sens.

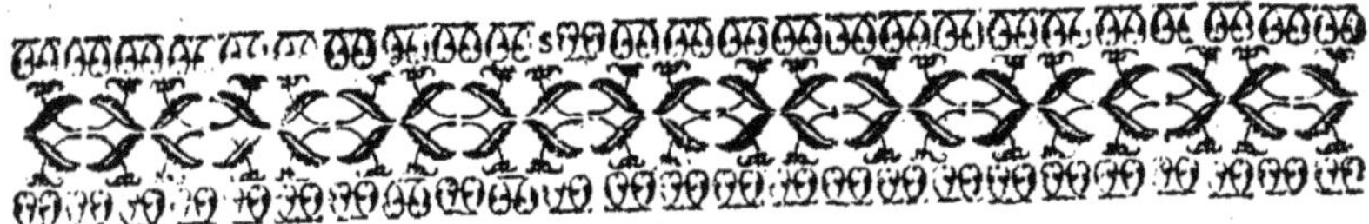

TROISIEME PARTIE

Contenant

QUELQUES AVIS

POUR BIEN PRATIQUER LE CHANT
de l'Eglise.

NOUS avons donné dans la premiere Partie de cet Ouvrage, les moyens pour apprendre le Chant de l'Eglise facilement : Nous avons montré dans la seconde, qu'on pouvoit employer les Nombres avec de grands avantages pour le marquer, & que ces moyens estoient legitimes : Il nous reste à faire voir dans la derniere, ce qu'il nous semble qu'on pourroit observer pour le pratiquer avec utilité & avec edification. C'est ce que nous tascherons de montrer, seulement en proposant quelques Avis : qu'on aura la liberté de suivre, si on les trouve bons, ou de rejetter, si on ne les juge pas tels.

I.

EN PREMIER LIEU, il n'est pas besoin d'avertir ceux qui sont doüez d'une belle voix & d'autres perfections qui les font distinguer dans le Chœur, qu'ils ne doivent s'en servir que pour glorifier celui qui les leur a données ; & qu'ils sont dans une étroite obligation de les rapporter toutes à lui, comme à leur veritable source & à leur unique auteur ; se souvenant, que ce sont autant de talens dont ils lui rendront compte : ils n'ignorent point cela. Mais il est bon de leur dire, qu'ils ne doivent pas mépriser ceux qui n'ont point ces mesmes perfections ; car ils en peuvent avoir d'autres qui sont beaucoup plus à estimer, & qui sont en effet bien plus solides, quoi qu'elles n'ayent peut-estre pas tant de brillant : Les choses les plus precieuses ne sont pas, pour l'ordinaire, celles qui ont le plus d'éclat.

II.

IL faut avant toutes choses, bannir loin de son esprit & de son cœur l'hypocrisie & la vaine gloire, qui sont les pestes de la devotion & les deux plus cruelles ennemies de la pieté : & demander humblement à Dieu, qu'il lui plaise signaler sur nous sa misericorde & sa bonté, en nous faisant la grace de le loüer & de reconnoistre ses bienfaits avec l'ardeur & la pureté d'intention qu'il desire, & de ne le servir jamais, dans l'Eglise ny ailleurs, par maniere d'acquit. Car l'Escriture Sainte prononce malediction & anatheme contre tous ceux qui se comportent lâchement & negligemment dans l'œuvre de Dieu, & qui le servent sans amour. *Maledictus, qui facit opus Domini fraudulenter.* Dieu est esprit, dit Jesus-Christ dans l'Evangile, *& il faut que ceux qui l'adorent, l'adorent en esprit & en verité,* c'est à dire, d'un cœur pur, entier, & sincere : *Qui adorant eum,* IN SPIRITU ET VERITATE *oportet adorare.* Pybrac n'a jamais mieux rehcontré, ni parlé plus sagement, que lors qu'il nous a expliqué ce precepte :

Adore assis, dit-il, comme le Grec ordonne, ✶
Dieu en courant ne veut estre adoré :
D'un ferme cœur il veut estre honoré,
Mais ce cœur là il faut qu'il nous le donne.

✶ Καθῆσθαι προσκυνήσοντας. Adoraturi sedeant. *ex Plutarch.*

III.

QUOI que Dieu demande principalement nos cœurs, il ne dédaigne pas d'accepter aussi l'hommage de nos corps : il veut que nous luy fassions un sacrifice entier de nous mesmes, & que l'interieur & l'exterieur soient inseparablement joints dans le culte que nous lui rendons. Ainsi lors que nous sommes dans son Temple, il ne faut pas que nostre corps soit dans l'agitation ny nostre esprit dans l'égarement : mais il faut nous y comporter avec une extréme retenuë, & chanter ses loüanges avec attention, gravité, & respect; avoir la modestie tellement peinte sur le visage & dans nos yeux, que l'éclat en rejaillisse de toutes parts, & que ceux qui ont un exterieur dereglé & mal composé se corrigent, voyant le nôtre qui les condamne. Nous devons enfin rappeller dans nostre pensée, que non seulement nous sommes en la presence de Dieu, & que nous parlons à Dieu, qui comme dit le Prophete, nous rendra selon nostre justice, & selon la pureté de nos mains ; mais encore que nous sommes dans une assemblée de Fideles devant qui nôtre lumiere doit luire, c'est à dire, que nous sommes obligez d'edifier par nostre exemple; afin, dit Jesus-Christ, que voyant nos bonnes œuvres ils glorifient nostre Pere qui est dans le Ciel. Or puis que nous ne pouvons les éclairer de cette maniere, par nostre interieur qu'ils ne voyent pas, & qui n'est connu que de Dieu seul; nous devons joindre à la sainteté de ce premier, un exterieur édifiant qu'ils puissent imiter, & qui leur fasse connoistre la veritable disposition de nostre cœur : car la contenance du corps, comme a dit un ancien, est le langage de l'ame; *Sermo quidam tacitus mentis.* Mais sur tout ne nous attachons pas si fort à ce dernier, que nous negligions l'autre, & que nous soyons du nombre infortuné de ces personnes malheureuses qui font consister toute leur justice à porter le masque de la vertu ; ou, comme dit l'Evangile, qui payent la dixme de la mente, de l'aneth, & du cumin, c'est à dire des moindres herbes, pendant qu'ils negligent ce qu'il y a de plus important dans la loi. S. Bernard en a fait une vive peinture, dans le second Sermon de l'Assomption, qui nous doit faire concevoir de l'horreur d'un tel vice. *Vis videre mundatam, ornatam, & vacantem domum? Hominem intuere qui solas movet manus ad opera mandatorum, corde penitus arido, ductus consuetudine quadam, planè quasi vitula Ephraim docta diligere trituram. Exteriorum quæ ad modicum valent, ne, unum iota præterit, aut apicem unum, sed camelum glutit dum culicem liquat. In corde enim servus est propriæ voluntatis, cultor avaritiæ, gloriæ cupidus, ambitionis amator, aut hæc omnia aut singula quæque intus vitia fovens, & mentitur iniquitas sibi : sed Deus non irridetur.*

I V.

IL ne faut pas se commettre à rien lire ou chanter en public, ny à rien commencer en Chœur, qu'on ne l'ait prevû, ou qu'on ne le sache parfaitement: quand il n'y auroit pas de plus forte raison pour nous y obliger, c'en est une assez grande, que nous devons ce respect à ceux qui sont presens & qui nous entendent. Et même, quoi qu'on eust une capacité entierement à l'épreuve, elle ne doit pas exempter de prevoir quel est l'ordre qu'il faut observer dans le Chœur, & qu'elles sont les choses que l'on y doit dire : les plus capables pour ne l'avoir pas fait, tombent souvent en de tres lourdes fautes.   Enfin, c'est une negligence qui n'est pas excusable ; tant elle entraisne de defauts & de manquemens aprés elle, que d'attendre à prevoir tout ce que l'on a à faire & tout ce que l'on a à dire, lors qu'on doit ne penser qu'à ce qui se fait & à ce qui se dit.   On n'a point l'attention qui est necessaire, on interrompt celle des autres, & on ne donne pas tout le bon exemple que l'on doit.

V.

S'IL arrive qu'il faille chanter quelque chose de beau & d'extraordinaire dans des actions publiques & solennelles, & qu'on n'ait pas la voix tres-propre, on doit au moins montrer qu'on a l'esprit bien fait, en laissant chanter, s'il se peut, ou priant de chanter, ceux qui s'en acquitteront mieux : On n'ose peut estre pas nous le dire, mais on voit bien que nous le devrions faire. C'est une sote vanité que de vouloir tirer de la gloire d'une chose qui n'en merite point : mais c'en est une encore plus ridicule d'en pretendre, d'où l'on ne doit esperer que de la confusion & du mépris.   C'est au contraire un grand don, que celui de se bien connoistre soi-mesme : & c'en est le couronnement, que d'agir selon cette connoissance & de ne rien entreprendre au dessus de ses forces. *Nosce teipsum.*

V I.

SI L'ON CHANTE SEUL, comme les fautes se remarquent alors plus facilement, il faut taschèr d'en faire peu. Estre premierement bien d'accord avec soi-même, se posseder parfaitement & écouter sa voix, non pour l'admirer ou pour en tirer de la vanité, mais afin de la bien regler.   Ne la point forcer, ny contrefaire en aucune maniere, car du moment que les choses ne sont plus naturelles elles n'ont plus de grace : Faire en sorte, au contraire, qu'elle coule doucement & agreablement, qu'elle soit toûjours égale & uniforme, & qu'elle ne sorte point par éclats ny par boutades, ni qu'elle ne precipite point en un lieu plus qu'en l'autre ; mais qu'elle pause également, & autant qu'il le faut, sur tous les degrez, c'est à dire sur tous les Nombres ou sur toutes les Notes : car le Plain-Chant exige cela, & c'est sa principale difference d'avec la Musique.

V I I.

ON peut bien faire entendre sa voix avec quelque grace, & donner un certain air agreable au Chant, qui en rende l'harmonie plus douce & plus belle ; mais on ne doit point faire de fredons ny de roulades dans celui de l'Eglise : il demande une gravité & une majesté à qui les fredons & les roulades ne conviennent pas, & à qui la simplicité sied infiniment mieux.   Mais s'il peut y avoir des occasions où il soit permis de faire des fredons, & qu'on ait la voix propre à cela, (car il y a de tres-belles voix qui y échoüent & qui s'y gastent,) il faut les faire si bien & si à propos, qu'on n'y puisse remarquer aucun trait de legereté ny de vanité : & que ce ne soit jamais ni avec le Chœur, ny à contre temps.   Quelle pensée, par exemple, auriez-vous d'un homme qui étant en la compagnie de personnes graves & serieuses ne feroit que danser, ou qui en marchant avec elles feroit autant de bonds que de

pas ? Vous le prendriez sans doute, pour un insensé, & vous ne vous trompe-
riez point. Que diriez-vous encore, si vous voyiez un écervelé qui s'épanoüïst
& se dilatast dans des actions funebres, où tous les autres ont le cœur res-
serré & versent des larmes ? ne seriez-vous pas en peine de sçavoir lequel des
deux est le plus déreglé ou de sa voix ou de sa teste ? Croyez qu'on ne vous fera
pas plus de grace. Et en verité, S. Bernard, ou quelque autre qui porte son
nom, traite ces gens echappez avec bien de la douceur, lorsque se plaignant
de leurs extravagances il ne dit que ces paroles : *Sunt quidam voce dissoluti, qui*
voces suæ modulatione gloriantur : nec tantum gaudent de dono gratiæ, sed etiam
alios spernunt Tumentes elatione, aliud cantant quam libri habeant, tanta est e-
vitas vocis forsitan & mentis. Cantant ut placeant populo magis quàm Deo. Habes
in potestate vocem tuam, habeto & animum. Frangis vocem, frange & voluntatem.
De Interiori domo. Cap. 28. al. 60. al. 51.

V I I I.

ON ne doit pas se preparer à chanter par un Prelude incommode, ni par des
figures & des gestes grotesques. Il faut aussi se donner de garde de grimacer
lors qu'on chante, & de battre la mesure de la teste, ou des pieds, ou du reste
du corps : Et generalement parlant, tout ce qui peut faire rire le monde, &
qui a l'air de Comedien doit estre banni de l'Eglise. Il faut lier & soûtenir a-
greablement son Chant. N'être pas barbare ni rustique dans sa maniere, n'assom-
mer pas ses mots ni ses sons, ne chanter point du nez ni du gosier : & éviter
pareillement les contorsions ou convulsions de la voix, car elle a les siennes
comme le corps, & les unes ne sont guere plus agreables que les autres. Ne
pas crier comme si l'on avoit dessein de se faire entendre aux morts, ou de les
rappeller de leurs tombeaux : & encore moins mugler, japper, ni hurler, comme font certaines bêtes, car ce seroit exposer sa voix au danger d'estre prise
pour l'une des leurs. Mais il faut encore plus se donner de garde de faire la
petite bouche & le precieux, ou d'affecter une justesse trop recherchée & trop
étudiée. *On n'est jamais si ridicule par les qualitez que l'on a,* dit un Auteur fort
judicieux, (Refl. Mor.) *que par celles que l'on affecte d'avoir.* Cet Auteur dit
la verité ; L'affectation est un vice bien ridicule, & qui a un effet tout contraire à la fin qu'on se propose : On se propose de plaire, & l'on deplaist. Enfin, il faut avoir dans son chant comme dans toutes ses actions, un air libre,
naturel, & dégagé, qui ne ressente en aucune maniere ny l'affectation ni la
contrainte : *Sint procul à nobis juvenes ut fæmina compti.*

I X.

ON doit prononcer tout ce qu'on lit & tout ce que l'on chante en Chœur,
clairement & distinctement : toutefois sans rusticité ni rudesse. En articuler
jusqu'aux moindres syllabes & aux moindres lettres. Ne confondre pas les
voyelles ensemble, soit en prononçant l'une pour l'autre, soit en les prononçant
d'une maniere inintelligible ; mais donner à toutes le son & la prononciation
qui leur est propre. Ne les pas aspirer, si l'aspiration (h) n'y est marquée, &
aspirer encore moins certaines consones : l'un & l'autre est tout à fait ridicule &
grossier. Prononcer simple ce qui est simple, double ce qui est double, & ne
confondre rien : enfin dire ce qu'il y a, & ne dire point autrement. Que sert
de parler si l'on ne se rend intelligible ?

X.

LORS qu'on chante les Leçons, les Epistres, les Evangiles & choses semblables, où le Chant varie peu & seulement au milieu & à la fin de la periode, on
doit les prendre, autant qu'il est possible, au ton & à l'elevation de la Dominante : car il est plus raisonnable que nous nous conformions au Chœur, que
de vouloir que le Chœur se conforme à nous. Cependant, si la voix ne s'en-
tendoit pas assez, ou que cela obligeast à une trop grande contrainte, on ne doit
point s'y assujettir : il faut les prendre au ton le plus naturel de sa voix, ou au

moins à un ton qui ne choque pas , comme font , à l'égard du degré fur lequel
on finit , l'Uniffon , la Tierce , la Quarte , la Quinte , & l'Octave : & les Chân-
tres qui favent leur metier , remettront le Chœur fur la Dominante qu'on aura quittée. On fait affez qu'il faut diftinguer les mots & les fens : faire une legere refpiration aux virgules principales ; reprendre haleine aux deux points : &
s'arrefter raifonnablement au point. Il faut encore prendre garde de ne pas
precipiter fes paroles ni fa voix : tenir celle-ci ferme & égale , & prononcer fi
intelligiblement & fi nettement celles là , que ceux qui font attentifs n'en puif-
fent perdre aucune. Car nous ne chantons principalement que pour cela : & fi
on ne nous entend pas , ou qu'on ne nous entende qu'à demy , quel fruit & quelle inftruction peut on tirer de noftre Chant ? Ce n'eft pas , dit l'Apoftre , que
noftre action de graces ne foit bonne , mais les autres n'en font pas edifiez.
Nam tu quidem benè gratias agis : fed alter non ædificatur.

X I.

IL y a beaucoup de lieux où l'on ne s'arrefte pas dans le Chant à ce que l'on
appelle vulgairement la *Quantité* , autrement les longues & les breves , & où
l'on fait les fyllabes à peu prés egales , comme dans noftre langue : il y en a un
plus grand nombre d'autres , où l'on fait le contraire. Il faut , dans cette
diverfité , fuivre la coûtume des lieux où l'on fe trouve , encore qu'elle pa-
ruft étrange : Si on ne le fait pas , quelque raifon & quelque fuffifance que l'on
ait , on fe rend étrange foi-mefme. C'eft l'effet d'une grande fageffe , dans
des chofes indifferentes , que de faillir comme la coûtume : & c'eft eftre fort
elegant & fort poli , que d'eftre inculte & barbare quand elle le veut.

X I I.

IL faut enfin éviter avec grand foin , les mauvais accens & les inflexions vi-
cieufes de la voix , qui fe font en une infinité de manieres : Elles choquent
toutes extrémement , & ceux qui y font fujets ont ce malheur , d'eftre les feuls
qui ne s'en apperçoivent pas. Nous n'en dirons que ce mot , afin qu'ils le re-
tiennent mieux , & que cela les faffe fouvenir d'y prendre garde ; Le fleuve le
plus agreable eft celui dont le cours eft le plus doux & le plus egal , & l'eau la
plus pure eft celle qui a le moins de couleur : Le Chantre le plus parfait eft celui
qui imite mieux le cours de ce fleuve , & la voix la plus belle eft celle qui a le
moins d'accent.

X I I I.

LORSQU'ON CHANTE DEUX ENSEMBLE , le moins
habile , s'il étoit affez équitable , devroit laiffer toûjours commencer le plus
habile , & le fuivre en tout , fans fe faire de cela un point d'honneur mal fondé.
Mais comme il eft rare de trouver des perfonnes qui croyent fincerement / être
moins habiles que leurs compagnons , il faut faire autrement ; il faut ceder ou
à la dignité ou à l'ancienneté , ou à la coûtume , ou pluftoft en ufer felon le con-
feil de l'Apoftre , fe prevenir les uns les autres par des témoignages d'honneur
& de déference , *Honore invicem prævenientes* : On ne peut manquer en fe pre-
venant de la forte , quand même on ne le feroit que par un motif d'honneur , puis que l'honneur qu'on fait à autrui retombe toûjours fur celui
qui le defere. Mais de quelque maniere qu'on en ufe , le principal
point eft qu'il faut fe bien écouter l'un l'autre , marcher tous deux
d'un mefme pied , commencer enfemble , faire les paufes & les re-
prifes enfemble , finir enfemble : en un mot , eftre tellement d'accord , que les
deux voix paroiffent n'en être qu'une. Il n'y a rien de plus charmant que cette
union , comme il n'y a rien qui choque davantage que de voir deux perfonnes qui ne s'accordent pas : que l'un tire d'un cofté , l'autre d'un autre , &
que c'eft à qui l'emportera & à qui aura le deffus. Cette diffenfion de voix eft

souvent une marque de la des-union des esprits, & quelquefois mesme de celle des cœurs : & ainsi elle n'est pas seulement choquante, elle est encore scandaleuse. C'est pourquoi quand il arrive un pareil desordre, le plus sage doit toûjours ceder & se taire, quoi qu'il ait plus de raison.

XIV.

SI L'ON CHANTE AVEC TOUT LE CHŒUR, il y a encore quelques autres precautions à prendre. On ne doit jamais le prevenir, comme voulant faire voir qu'on est le plus intelligent & le plus capable de tous; ni forcer sa voix pour l'emporter par dessus ; ni tarder aprés, comme affectant d'estre singulierement remarqué : Toutes ces sortes de vanitez sont les effets d'une imagination blessée, ou d'un esprit extrémement vain, & par consequent extrémement foible ou extrémement ridicule. On doit enfin écouter toutes les voix avec la mesme application qu'on écoute la sienne, & s'accorder si bien avec elles, qu'on ne puisse entendre aucune dissonance. Car c'est une regle indispensable dans le Plain Chant, qu'il faut que tous commencent, continuent, se reposent, & finissent en mesme ton : c'est à dire, que toutes les voix qui forment le Chœur, soient dans un perpetuel Unisson entre elles, depuis le premier degré ou le premier Nombre jusqu'au dernier, sans que l'une prenne jamais plus haut ni plus bas, aille devant ni aprés, plus viste ou plus lentement que l'autre. Si on ne peut pas observer cela exactement, qu'on ne chante point. Si on le peut faire, c'est à dire, si on a la voix flexible & qu'on sache le Chant, ou au moins qu'on s'accorde bien avec ceux qui le savent, il est édifiant de chanter : mais que ce ne soit pas à bâtons rompus ni en feignant sa voix, & faisant, comme on dit, l'homme de consequence, car ce seroit beaucoup moins édifier que détruire. Nous avons devant nous l'exemple de tant d'autres qui chantent sans s'épargner, faisons de même : ils nous soûtiennent, soûtenons les reciproquement.

XV.

LA GRANDE ET SOUVERAINE REGLE, au regard du Chœur, est celle que l'Apostre nous prescrit dans sa 1. Ep. aux Corinthiens : *Que tout se fasse*, dit-il, *parmi vous dans la bien-seance, & avec ordre. Omnia autem honesté & secundùm ordinem fiant in vobis.* Or la chose qui peut contribuer le plus à maintenir cette bienseance & cet ordre dans les Chœurs où l'un & l'autre fleurissent, ou à les introduire dans ceux où ils pourroient ne pas être, est d'y établir un *Directeur*, qui avec l'autorité & la science, ait de la prudence & de la discretion : car sans cela c'est ne rien faire, ou pour mieux dire, c'est tout gâter. Ce nous devroit être une honte & une mortification sensible, de voir, que dans les emplois les plus bas & les plus mecaniques, il y ait des personnes établies pour en prendre le soin & la direction, à qui tous obeïssent ponctuellement, & sans la participation desquels aucun n'oseroit rien faire ni rien entreprendre ; & que dans l'emploi le plus glorieux qui soit au monde, il soit permis à un chacun de faire ce qu'il veut & comme il veut : Les œconomes de la terre agissent plus prudemment, comme il est dit dans l'Evangile, & les enfans du siecle sont plus sages dans la conduite de leurs affaires, que ne sont les enfans de lumiere dans le service de Dieu & dans les affaires de leur salut. *Filii hujus saculi prudentiores filiis lucis in generatione sua sunt.* Ne souffrons pas que nôtre gloire soit flêtrie par une tache si ignominieuse.

XVI.

ON ne doit rien chanter dans le Chœur qui ne soit digne de la sainteté & de la majesté d'un lieu si auguste : c'est à dire, qui ne soit tiré entierement de l'Ecriture Sainte, ou au moins approuvé de l'Eglise. La premiere de ces conditions est portée expressément dans le Concile de Laodicée, au Canon 59.

en

en ces termes : *Quod non oportet privatos & vulgares aliquos Pſalmos dici in Ecleſia. nec libros non canonicos, ſed ſolos canonicos veteris & novi Teſtamenti.* La ſeconde nous eſt ordonnée par le Concile de Trente , Seſſion 22 au Decret, *De obſervandis, & evitandis in celebratione Miſſæ* , dont nous ne rapportons point ici les paroles , parce qu'elles meritent d'être lûës au long dans l'Original. Nous ne repeterons pas non plus ce que S. Bernard a dit à ce ſujet , dans la 312. de ſes Lettres , on l'y peut voir. Ce devot Pere eſt ſolide & admirable en tout , mais ſinguliérement où il s'agit de la diſcipline & de l'édification de l'Egliſe.

XVII.

ON ne doit jamais ni precipiter ni traiſner l'Office , ou quoi que ce ſoit qu'on chante dans le Chœur : ce ſont deux extremitez également vicieuſes & également à éviter. Il faut toûjours chanter ou gravement , ou quarrément, ou legerement , ſelon qu'il convient : & continuer le Chant de la même maniere qu'on l'a commencé. On doit ſe conduire en cela , non par caprice, ou par un zele imprudent & mal reglé ; mais ſuivant l'intention de l'Egliſe, (qu'Elle nous declare aſſez par la diverſité des Feſtes qu'elle nous propoſe, & par la diſtinction des Offices qu'elle a preſcrits pour chaque jour) , & ne pas mettre la confuſion , où le bel ordre doit regner.

XVIII.

LES NEUMES , qui nous figurent l'amour & le tranſport de joye des juſtes dans la gloire , ou les gemiſſemens & l'excés de douleur des ames penitentes dans ce lieu d'exil , ont été ſagement introduites dans le Chant de l'Egliſe. Mais il y a certaines traiſnées ou repetitions de Notes ennuyeuſes & inſipides , qui , ſelon toutes les apparences , y ont été fourrées par quelques-uns qui avoient moins de lumiere que de zéle , & qui aimoient mieux chanter que mediter , qu'il ſeroit tres à propos de retrancher. La raiſon eſt, qu'elles n'ont ni grace ni beauté ; qu'elles emportent inutilement tout le temps qu'il faudroit donner à faire les pauſes neceſſaires , & à réflechir ſur les paroles ; & que bien loin de contribuer à allumer la devotion , qui eſt la fin du Chant de l'Egliſe , elles ſont beaucoup plus capables de l'éteindre , ou au moins d'en rallentir l'ardeur , en ce qu'elles épuiſent ſans neceſſité & ſans fruit les forces des organes , & qu'elles fatiguent exceſſivement l'eſtomac & la voix. Il ſera aiſé d'enfermer toutes ces Notes inutiles entre deux crochets , [ex.] ſi l'on n'aime mieux les retrancher tout à fait : perſonne n'en doit faire ſcrupule , pourvû qu'on les retranche à propos & qu'on ne gâte pas le Mode. Ceux qui pretendent qu'elles ſont de S. Gregoire , ſe trompent à plaiſir : & ſi Saint Gregoire revenoit maintenant au monde , il eſt certain qu'il n'y reconnoîtroit plus le Chant qu'il y a fait. On n'en doutera pas , ſi l'on conſidere qu'il s'y étoit déja gliſſé tant de fautes du temps de S. Leon II. qui n'étoit qu'un ſiecle après lui , qu'il fut beſoin qu'il y apportât le remede : *Ipſe enim Hymnos & Pſalmos in Eccleſia ad concentum meliorem reduxit.* Brev. Rom. Et dans le ſiecle ſuivant CHARLES LE GRAND ou *Charlemagne* , au rapport de Paul Emile & de quelques autres Hiſtoriens , prit lui même le ſoin de faire corriger le Chant des Egliſes de France , & fit venir de Rome exprés , d'excellens Maiſtres , (ſous le Regne de LOUIS LE GRAND , où tous les Arts fleuriſſent, on ne ſeroit pas en cette peine) qui s'y appliquerent par ſon ordre. *Symphoniam Templorum , accerſitis ex urbe Roma ſummis Muſicis , ſanctam jucundámque effecit.* l 2. Mais eſt-il beſoin de recourir à l'Hiſtoire pour montrer qu'on a droit de bannir une choſe , que le bon ſens bannit lui-même ? Et à moins que d'être extraordinairement attaché au ſien , n'avoüera-t-on pas , qu'il ſeroit bien plus avantageux de rejetter des Notes qui ſont onereuſes & infructueuſes , que d'omettre à faire des pauſes édifiantes , & à mediter des paroles qui ſont fecondes en myſteres : & qui , comme dit S. Bernard , fourniſſent à l'ame un aliment, un ſuc , & une onction , qu'on peut bien goûter mais qu'on ne peut pas expri-

G

mer ; *deliciosa ad saporem , solida ad nutrimentum , efficacia ad medicinam ?*

XIX.

SI L'ON CHANTE A DEUX CHOEURS alternativement, comme il se pratique dans le Chant des Pseaumes, le second Chœur doit se regler sur le premier, ou plûtost l'un doit se regler sur l'autre, & tous les deux être parfaitement uniformes en tout : aller d'un pas égal, ne point chanter plus lentement ni plus viste l'un que l'autre, faire chacun des pauses sensibles au milieu des Versets, & sur tout, ne point recommencer que celui qui chante n'ait entierement achevé son chant & ses paroles, *Psallere sapienter.* Psal 46.

XX.

LES CHANTRES, à qui il appartient de donner le ton au Chœur, doivent observer la force & la foiblesse des voix qui le composent, afin de s'y conformer dans l'élévation qu'ils donnent au Chant : laquelle doit tenir un certain milieu agreable & naturel, qu'on puisse continuer facilement durant tout l'Office. Ce milieu est un ton de voix non forcé & un point qu'ils ne doivent jamais perdre de vuë : & auquel ils doivent toûjours revenir, supposé que le Chœur s'en écarte, & l'y remettre insensiblement au premier Pseaume ou à la premiere Antienne qu'ils entonnent ; soit en élevant le Chant lors qu'on l'a trop abaissé, soit en l'abaissant lors qu'on l'a trop élevé. Ils doivent aussi commencer d'une voix ferme & ouverte, afin qu'on prenne aisément le ton qu'ils auront donné : mais il n'est pas necessaire qu'ils appuyent avec la même force dans la suite, si ce n'est que les autres voix chancelassent & qu'il fust besoin de les soûtenir ou de les redresser. Car c'est proprement aux Chantres à relever ceux qui tombent, & à ramener ceux qui s'égarent & qui se troublent: ce qu'ils ne doivent pourtant pas faire tumultuairemêt ni precipitamment, mais avec beaucoup de moderation & de prudence, & lors qu'ils voyent, pour ainsi dire, leur prise assûrée. En effet, on pourroit regarder un homme qui s'est égaré ou qui se broüille dans son chant, comme une personne qui se noye: si vous ne secourez l'un & l'autre à temps ils se perdent, & si vous ne le faites à propos vous vous noyez avec eux. Il seroit encore fort convenable qu'ils chantassent seuls le premier Verset entier de chaque Pseaume qu'ils élevent, comme on fait en plusieurs lieux : ils couperoient pied, par ce moyen, à un desordre qui est tres-frequent : C'est que comme chaque Ton a differentes fins sous une même mediation, il arrive qu'ayant commencé le Verset sans le finir, une partie du Chœur acheve souvent d'une maniere, l'autre d'une autre, ce qui met une confusion & des dissonances parmi les voix, qu'il est ordinairement difficile d'arrêter, & même qui durent quelquefois autant que le Pseaume.

XXI.

ENTRE plusieurs défauts qui peuvent troubler ceux qui chantent ou qui lisent en Chœur, il y en a 3. ou 4. plus notables, ou au moins plus communs, qu'on doit soigneusement éviter. Si beaucoup de personnes n'y prennent pas de part pour les commettre ou y tomber, il n'y en a presque point qui n'y en prennent pour les voir & en recevoir de la peine. 1. Lors qu'on fait ses prieres particulieres, on les doit faire tout bas, sans bourdonner ni siffler, afin que ceux qui prient ou qui chantent proche, ne soient pas troublez ni distraits dans les leurs : Nous savons dans le Christianisme, que Dieu ne regarde point le mouvement de nos lévres, mais qu'il s'arrête à la disposition de nôtre cœur. 2. Ceux qui sont honorez du caractere & de la dignité du Sacerdoce doivent prendre garde de ne pas celebrer d'un ton de voix si élevé, que le Chœur & le reste du peuple en soit interrompu : Il faut lire & bien prononcer, mais non pas declamer. 3. On doit être dans le silence & prêter une attention parfaite, lors que le Celebrant chante à l'Autel, ou que quelqu'un chante seul en Chœur, & ne pas l'accompagner ou le suivre de la voix, encore que ce fust foiblement : Si l'on veut chanter, que ce soit

comme le Chœur & avec le Chœur, on se rend incommode & ridicule lors
qu'on chante d'une autre maniere. 4. Quand on doit chanter au Chœur, c'est
renverser l'ordre que de s'appliquer à autre chose, même à la priere ou à la lecture. Les prieres privées doivent ceder aux prieres publiques, & la lecture
la plus sainte n'est pas bonne en ce temps-là, on doit la remettre à un autre :
Altri tempi, altre cure. Mais s'il n'est pas permis de faire une lecture sainte
dans le Chœur lors qu'on y doit chanter, (ni à l'Autel, en aucun temps) à
plus forte raison doit-il être défendu d'y en faire d'indifferentes & de propha-
nes, ou de s'entretenir de choses qui ne sont pas de nôtre devoir, *quæ ad rem
non pertinent.* C'est montrer qu'on n'a pas les sentimens d'une veritable pieté,
ou au moins, c'est traiter avec peu de reverence des Mysteres adorables.
L'Eglise est destinée pour prier, elle n'est pas destinée pour contenter sa cu-
riosité, ou pour se satisfaire l'esprit. Il y a d'autres lieux & d'autres temps
où cela est permis, pourvû qu'on n'y blesse pas la pieté ni les bonnes mœurs :
celui-ci doit être consacré uniquement à la devotion & au culte de Dieu.
Age quod agis.

XXII.

SI l'on introduit quelque Chant nouveau & extraordinaire dans le Chœur,
il faut prendre extrémement garde que deux conditions l'accompagnent tost-
jours. La premiere, qu'il soit grave, & qu'il ne ressente pas la mollesse des
airs lascifs & impurs : Le Chant de l'Eglise a été institué pour échauffer nos
cœurs, & non pas pour chatoüiller nos sens ni pour nous donner de dangereux plaisirs. La seconde, qu'on ne le fasse pas pour attirer le monde chez soi;
car cela est indigne de nous, & c'est agir par un motif trop bas & trop vil :
mais qu'on ait pour but, comme veut S. Augustin, d'inspirer à ceux qui s'y
pourront trouver, de plus hauts sentimens de la grandeur de Dieu, & de tâcher de les porter à son amour & à l'amour de la pieté, par la douceur de l'harmonie : *Vt per oblectamenta aurium, infirmior animus in affectum pietatis assur-
gat.* Confess. l. 10. c. 33. Ce point regarde particulierement les Concerts de
voix & d'Instrumens qui se font quelquefois dans nos Eglises. Les uns les y
approuvent, d'autres qui ne manquent pas de pieté, les y blâment, & tous les
deux ont raison : Car à en juger en general, par ce qu'ils ont, ou de bon, ou
de mauvais, il y a sans doute à loüer, & il y a à blâmer. D'une part, il est certain qu'on ne peut employer les Instrumens ni la voix à un plus legitime &
plus saint usage qu'en les faisant servir à Dieu; eux, que tant de fois on a
fait servir au monde. *Loüez Dieu dans son Sanctuaire*, dit le Prophete : *Laudate Dominum in sanctis ejus.* Loüez-le au son des trompettes : chantez ses loüanges sur la harpe & sur la lyre. Loüez-le avec des tambours & des concerts de Musique:
loüez-le sur la viole & sur le luth. Loüez-le sur les tymbales harmonieuses :
& enfin, que tout ce qui respire loüe le Seigneur : *Omnis spiritus laudet Dominum.*
Mais d'autre part, il est constant qu'il se commet quelquefois des abus, &
dans la composition & dans l'execution de ces Symphonies, qu'on ne devroit
pas souffrir, & qu'il faudroit reprimer, conformément à l'esprit de l'Eglise.
Que devons nous donc conclure sur cela ? S. Augustin, au lieu que nous venons de marquer, n'ose rien decider : il se trouve au contraire étrangement
partagé entre l'utilité qu'il avoit experimentée dans la beauté de ces accords,
& la crainte qu'il a d'y prendre trop de plaisir : *Ita fluctuat inter periculum vo-
luptatis, & experimentum salubritatis.* Prefererons nous nôtre foible jugement
aux sentimens de ce Docteur incomparable ? à Dieu ne plaise : Mais qu'il
nous soit permis de suivre le sien, & au passereau de s'effrayer, quand il voit
que l'aigle a peur. De fait, cette corde est si delicate, qu'à moins que d'avoir
une main qui soit tres adroite & tres habile, il est difficile de la toucher qu'on
ne la rompe. Aussi ne serons nous pas si temeraires que d'y porter la nôtre;
joint, que ce n'est point à nous à donner des instructions à nos Maitres. Nous
leur demandons seulement une grace, & nous la demandons encore à tous,

ceux qui pourroient prendre interest à ceci : de vouloir bien mettre quelque difference entre JESUS-CHRIST & Belial, la Maison de Dieu & l'Hôtel de Bourgogne. Il est absolument impossible que deux choses si contraires s'allient jamais ensemble, sans qu'elles enfantent un monstre : qui est le scandale, & *l'abomination dans le lieu saint.*

XXIII.

Quelque part qu'on se serve du Chant de l'Eglise, on ne le doit faire qu'avec un extréme respect & une grande circonspection : cela veut dire, que ce ne doit pas être pour se divertir & pour passer le temps, mais afin de s'occuper plus Chrétiennement & plus saintement, en glorifiant Dieu & le remerciant de ses bienfaits, ce qui est d'un singulier merite devant lui. Tous ceux qui dans cette veuë, s'entretiennent de Pseaumes, d'Hymnes, & de Cantiques, soit dans leur travail, soit dans leurs voyages, soit en d'autres rencontres, font une action ttes-Chrétienne : & il seroit à souhaitter que chacun voulust suivre un si rare & si salutaire exemple. En effet, puis qu'il n'y a point de lieu ni de momens, où, comme dit S. Ambroise, nous ne sovons redevables à Dieu pour quelque nouveau bienfait que nous recevons de sa main liberale : *Quando non habes quod Deo debeas, aut quando sine Dei munere es, cui quotidie vivendi usus à Domino est?* il n'y a point aussi de lieu ni de momens où nous ne dussions lui en témoigner nôtre reconnoissance & lui rendre de continuelles graces. L'Apôtre S. Paul ne nous repete rien plus frequemment, tous les SS. Peres nous y exhortent d'une commune voix, & l'Histoire Ecclesiastique nous fournit une infinité d'exemples illustres, qui nous y doivent animer ; entre autres, celui du jeune Theodose, qui se levoit tous les matins avant le Soleil, s'il ne prevenoit même l'aurore, pour adorer Dieu & chanter des Hymnes & des Pseaumes à la gloire de son Nom, alternativement avec ses sœurs : *Primo diluculo, cum sororibus suis Hymnos alternatim decantabat.* D'autres ajoûtent, ce qui est fort vrai semblable, que l'Imperatrice, la savante Eudokia, étoit aussi de la partie : *Mo. suit Theodosio, manè precationes dicere, & Psalmos canere, cum conjuge & sororibus.* Y a-t-il rien en effet, qui soit d'un plus excellent usage pour former & pour nourrir la pieté, que ces Cantiques sacrez, dans lesquels nous parlons à Dieu & où nous écoutons Dieu qui nous parle? C'est la voix de l'Eglise & le sera toûjours ; & ce doit être par consequent, celle de tous les Fidéles. Toutes les loüanges que nous pouvons donner à Dieu, toutes les actions de graces que nous lui saurions rendre, tout ce que nous devons lui demander & qui nous est necessaire, y est divinement compris & inimitablement exprimé. Ils ressemblent à la manne que Dieu fit pleuvoir autrefois dans le desert, que chacun goûtoit avec un extréme plaisir, & qui renfermoit toutes sortes de douceurs : *Omne delectamentum in se habentem, & omnis saporis suavitatem.* Il n'y a que des ames steriles & arides, & des Israëlites ingrats, qui puissent s'en degoûter & preferer à un mets si pur & si délicieux les chairs & les oignons de l'Egypte ; *Anima nostra arida est : jam nauseat super cibo isto, &c.* En un mot, nous osons dire sans craindre de nous tromper, étant appuyez sur le jugement que les Conciles & les Peres de l'Eglise en ont fait, qu'il n'y a point de pratique qui puisse contribuer davantage à l'établissement d'une solide pieté, ni de devotion qui soit plus sûre & plus sainte, que celle qui se puise dans ces divines sources. Ce qui le confirme, est que l'Eglise en tire ses principales richesses ; & que comme d'un thresor caché, elle y prend l'or le plus pur, cet or d'un aloi & d'un prix inestimable, dont elle se sert si avantageusement pour trafiquer avec Dieu, s'il est permis de parler ainsi. Outre le Chant ordinaire, on leur en peut donner tel autre que l'on voudra ; un seul suffit pour tous, & il n'importe point qui l'ait fait, pourvû qu'il soit pieux & agreable : Le Chant des paroles saintes n'est pas comme elles, une maxime ou verité de foi à laquelle on ne puisse changer ni ajoûter. Pour ce qui est des Pseaumes mis en nôtre Langue, en faveur des

ſimples , il y a des Traductions recentes,qui ne ſont pas moins fidéles qu'elles
ſont édifiantes , dont il ſeroit bon de leur conſeiller & de leur faire aimer la
pratique : & non ſeulement à eux, mais à tous , étant vrai qu'il n'y a point de
perſonnes , de quelque état & condition qu'elles ſoient , à qui elles ne puiſſent être grandement utiles , & pour la priere & pour la lecture , ſi elles s'en
ſervent avec le reſpect qu'elles doivent,& qui eſt neceſſaire pour lire l'Ecriture Sainte avec fruit.Mais nous n'en avons point dont on puiſſe ſe ſervir plus
utilement pour le Chant , que ces mêmes Pſeaumes traduits en Vers par Monſieur l'Eveſque de Vence , & mis depuis en Muſique par des Auteurs celé-
bres. Il n'y a rien de ſuſpect : & outre que le Chant en eſt beau , l'expreſſion
en eſt noble , & le tour en eſt heureux. Nous les avions promis en quelque
maniere dans nôtre premier Eſſai , & nous n'avons pas encore perdu l'eſpe-
rance ni le deſſein de les donner : mais que peut un homme ſeul qui n'a ni ſe-
cours ni appui , & qui ne laiſſe pas de rencontrer bien des obſtacles ? *Ne ipſa
quidem tenuitas,* diſoit S. Bernard , *declinare invidiam poteſt.* Ep. 48.

X X I V.

SI ce n'eſt pas à nous à reprendre les fautes qui ſe commettent dans le
Chœur , ne nous ingerons pas de le faire qu'aprés bien des precautions , &
avec bien de la prudence : & ſi l'amour de Jeſus-Chriſt nous preſſe , & que
nous croyons être obligez de donner quelque avertiſſement , regardons encore à qui nous le donnons , car il y a des eſprits qui en ſont auſſi peu ſuſcepti-
bles que de correction : *Non recipit ſtultus verba prudentiæ.* On pourroit ajoûter
à cela , ſi c'étoit que cet amour cherchaſt ſes propres intereſts , & qu'il n'en-
viſageaſt pas purement,comme il fait, les intereſts de Dieu & l'utilité du prochain , que la verité eſt une de ces bonnes Meres qui mettent ſouvent de mauvais enfans au monde ,*Veritas odium parit* : Mais la charité fait triompher de
tous les reſpects humains , & elle a cela de propre , dit le devot Pere S. Bernard , qu'elle va juſqu'à s'oublier elle même pour veiller au ſalut d'autrui:
Bona oblivio , ſi teipſum neſcias , ut proximo proſis. Ep. 42. Si au contraire , c'eſt
nôtre devoir de reprendre ces fautes , reprenons les avec une liberté chrétien-
ne , & comme dit l'Apoſtre , dans un eſprit de douceur , faiſant reflexion
ſur nous mêmes *in ſpiritu lenitatis,conſiderans teipſum.* En effet , dit S. Auguſtin , lors que vous reprenez dans un eſprit de ſeverité & de colere , vous
faites voir l'emportement d'un homme qui punit , & vous ne donnez pas des
marques de la charité que doit avoir celui qui reprend :*Quicquid lacerato animo
dixeris ,punientis eſt impetus , non charitas corrigentis.* Aimez , ajoûte-t il , &
dites tout ce qu'il vous plaira , *Ama , & dic quidquid voles.* Ce grand Saint
ne ſe trompe pas : c'eſt qu'il ſait bien que la charité eſt douce , qu'elle n'eſt pas
temeraire ni precipitée , & qu'elle ne s'aigrit point : *benigna eſt , non agit per-
peram , non irritatur.* Mais ſi la charité & la prudence doivent accompagner
toutes les corrections que l'on fait , il n'y en a point où elles ſoient plus de
ſaiſon , que dans celles dont nous parlons. Il y a toutes ces circonſtances à
conſiderer : 1. Le lieu où l'on fait cette correction. 2. Le temps dans lequel
on la fait. 3. Les perſonnes à qui on la fait. 4. & Celles devant qui on la fait.
On ne ſauroit donner de regles certaines pour cela · la prudence s'en doit faire
elle même,ſelon les diverſes occurrences & le beſoin qu'elle en a. On peut
ſeulement faire remarquer en paſſant, que pour une faute legere dont on ne
s'appercevroit quelquefois pas, & qui en effet n'eſt ſouvent qu'une bagatelle &
un rien ,un indiſcret emporté mettra le trouble dans un Chœur,& fera gloire
d'avoir cauſé une confuſion pour laquelle il meriteroit lui-même une repre-
henſion & un châtiment tres ſeveres. Mais ſi l'on avoit quelques regles ou
quelques avis à donner, ce ſeroit : 1. de nous faire une ſainte violence ſur
nous mêmes , & de tâcher , comme dit S. Bernard , d'étouffer certains mou-
vemens impetueux qui naiſſent quelquefois dans nous , malgré nous · *Commo-
tio tua ibi moriatur , ubi oritur.* Serm. 29. in Cantic. 2. de prendre garde que ce

G iij

que nous eſtimons eſtre un pur zéle, ne ſoit plûtoſt une paſſion veritable &
effective, ou l'amour propre couvert du manteau de la charité : *Paſſione in-*
terdum movemur, dit le pieux à Kempis, *& zelum putamus.* C'eſt cet amour
propre qui rend ordinairement nos yeux ſi penetrans pour voir les defauts
d'autrui, & qui nous aveugle ſi ſouvent pour les nôtres 3. de ne pas s'attacher
à des choſes qui ne le meritent point, ou bien de remettre à en faire la correction lors qu'on ſera hors du Chœur : autrement il eſt à craindre que le remede ne ſoit beaucoup pire que le mal. 4. de n'y faire jamais affront à qui que
ce ſoit : cela fait peine à tous, & l'Egliſe n'eſt pas un lieu propre à cet effet.
Les affronts ſont toûjours ſenſibles aux perſonnes bien nées; mais là ils le ſont
infiniment plus qu'en tout autre lieu, & il faut une patience & une vertu
conſommée pour les y pouvoir ſouffrir avec reſignation : En un mot, on ne
doit jamais en venir à cette extremité, que lors que le mal eſt ſi grand & ſi
dangereux, que les lenitifs ne le peuvent appaiſer, & qu'il faut de neceſſité
y appliquer le fer & le feu pour le guerir. 5. de ne pas faire de clameurs, ni
frapper des mains ou des pieds, avec fierté & emportement ; parce qu'alors
un chacun ſe détourne pour regarder, croyant que c'eſt à lui qu'on en veut :
joint qu'il eſt à preſumer, ou qu'on eſt auſſi emporté & auſſi violent qu'on
le paroiſt, ou qu'on ſe ſert de ce moyen là pour faire valoir ſon autorité, &
pour montrer qu'on a de l'empire ſur les autres; qui eſt un miſerable avantage, & en même temps une chétive idée qu'on donne de ſoi-même. 6. Enfin
de n'eſtre pas prompt de la main, quand ce ne ſeroit qu'à l'endroit d'un enfant:
cela n'edifie nullement, & l'on peut croire, que ſi nous ne ſommes pas mode-
rez ni maîtres de nos paſſions en un tel lieu & devant tant de monde, à
peine le ſerons nous ailleurs. *Que nôtre* [gr. moderation] *& nôtre modeſtie*
ſoient connües de tous les hommes : Le Seigneur eſt proche. DOMINUS
PROPE EST. Philip. 4.

XXV.

MAIS pour comprendre en peu de paroles, les regles les plus eſſentielles
de nôtre devoir touchant le Chœur & le Chant de l'Egliſe : Lors que nous ſommes aſſemblez dans ce ſaint lieu, pour rendre à la ſouveraine Maïeſté de
Dieu les hommages que nous lui devons, & pour lui offrir les ſacrifices de
loüanges qu'il deſire, & qui lui ſont toûjours agreables, ſi ce n'eſt, comme
dit le Prophete (*Pſal.* 49.) & aprés lui l'Eccleſiaſtique, dans la bouche des
pecheurs, *Non eſt ſpecioſa laus in ore peccatoris* ; Ne nous propoſons d'autre fin
ni d'autre objet que lui ſeul : *Præparate corda veſtra Domino*, diſoit le Prophete
Samüel au peuple de Dieu, *& ſervite ei ſoli.* 1. Reg. 7. Ayons le corps & tout
l'exterieur bien compoſé, comme le doivent avoir des perſonnes qui font pro-
feſſion d'honneſteté & de ſainteté, *ſicut decet ſanctos*, le cœur attaché au
ciel, l'eſprit au ſens, l'oreille aux ſons, & les yeux en terre. Conduiſons
nous enfin d'une maniere digne du Maître que nous ſervons, ſoyons paſſion-
nez pour ſa gloire, & attendons de ſes bontez une éternelle récompenſe.

AMBULEMUS DIGNE' DEO:

Coloſſ. 1.

MERCES NOSTRA MAGNA NIMIS.

Geneſ. 15.

1	2	3	4	5	6	♯7	1.
Ut.	re.	mi.	fa.	ſol.	la.	ſa ſi.	Ut.

I. TON. D I^{4}xit^{56} Do^{6}mi^{6}nus^{6} Do^{6}mi^{6}no^{6} me^{6}o^{6} : * Se^{6}de^{6} à^{6} dex^{5}tris^{4} me^{5}is^{5432}. II. TON. Di^{12}xit^{14} Do^{4}mi^{4}nus^{4} Do^{4}mi^{4}no^{4} me^{5}o^{4} : * Se^{4}de^{4} à^{4} dex^{4}tris^{3} me^{1}is^{2}. III. TON. Di^{5}xit^{61} Do^{1}mi^{1}nus^{1} Do^{2}mi^{1}no^{1} me^{1}o^{1} : * Se de^{1} à^{1} dex^{7}tris^{67} me^{6}is^{56}. IV. TON. Di^{65}xit^{56} Do^{6}mi nus^{6} Do^{6}mi^{5}no^{6} me^{7}o^{6} : * Se^{6}de^{6} à^{5} dex^{6}tris^{16} me^{543}is^{3}. V. TON. Di^{4}xit^{6} Do^{1}mi^{1}nus^{1} Do^{1}mi^{1}no^{1} me^{2}o^{1} : * Se^{1}de^{1} à^{1} dex^{2}tris^{7} me^{1}is^{6}. VI. TON. Di^{4}xit^{56} Do^{6}mi^{6}nus^{6} Do^{6}mi^{6}no^{6} me^{6}o^{6} : * Se^{6}de^{6} à^{6} dex^{4}tris^{56} me^{5}is^{4}. VII. TON. Di^{17}xit^{12} Do^{2}mi^{2}nus^{2} Do^{4}mi^{3}no^{3} me^{2}o^{3} : * Se^{2}de^{2} à^{2} dex^{3}tris^{2} me^{1}is^{76}. VIII. TON. Di^{56}xit^{51} Do^{1}mi^{1}nus^{1} Do^{1}mi^{1}no^{1} me^{2}o^{1} : * Se^{1}de^{1} à^{1} dex^{7}tris^{1} me^{6}is^{5}. TON IRREG. In^{6}ex^{6}i^{6}tu^{6} Is^{6}ra^{6}el^{6} de^{7} Æ^{6}gy^{5}pto^{4} : * do mus^{5} Ja^{5}cob^{6} de^{5} po^{5}pu^{5}lo^{2} bar^{4}ba^{4}ro^{32}.

PROSE DES DEFUNTS.

D I^{4}es^{3} i^{4}ræ^{2}, di^{3}es^{1} il^{2}la^{2},
 Sol^{4}vet^{45} se^{43}clum^{21} in^{3} fa^{4}vil^{3}la^{2},
 Te^{6}ste^{12} Da^{2}vid^{21} cum^{3} Si^{4}byl^{3}la^{2}.
Quan^{4}tus^{3} tre^{4}mor^{2} est^{3} fu^{1}tu^{2}rus^{2},
 Quan^{4}do^{45} Ju^{43}dex^{21} est^{3} ven^{4}tu^{3}rus^{2},
 Cun^{6} cta^{12} stri^{2}ctè^{21} dis^{3}cus^{4}su^{3}rus^{2} !
Tu^{6}ba^{1} mi^{1}rum^{756} spar^{654}gens^{5} so^{6}num^{62}
 Per^{4} se^{3}pul^{4}chra^{2} re^{3}gi^{1}o^{2}num^{2},
 Co^{4}get^{56} o^{654}mnes^{321} an^{3}te^{4} thro^{3}num^{2}.
Mors^{6} stu^{1}pe^{1}bit^{756} &^{654} na^{1}tu^{6}ra^{62},
 Cum^{4} re^{3}sur^{4}get^{2} cre^{3}a^{1}tu^{2}ra^{2},
 Ju^{4}di^{56}can^{654}ti^{321} re^{3}spon^{4}su^{3}ra^{2}.
Li^{6}ber^{54} scri^{5}ptus^{62} pro^{21}fe^{6}re^{12}tur^{2},
 In^{43} quo^{2} to^{1}tum^{6} con^{1}ti^{2}ne^{4}tur^{312},
 Un^{6}de^{4} mun^{5}dus^{2} ju^{1}di^{2}ce^{4}tur^{312}.
Ju^{6}dex^{54} er^{5}go^{62} cùm^{21} se^{6}de^{12}bit^{2},
 Quid^{43}quid^{2} la^{1}tet^{6} ap^{1}pa^{2}re^{4}bit^{312} :
 Nil^{6} in^{4}ul^{5}tum^{2} re^{1}ma^{2}ne^{4}bit^{312}.
Quid^{4} sum^{3} mi^{4}ser^{2} tunc^{3} di^{1}ctu^{2}rus^{2} ?
 Quem^{4} pa^{45}tro^{43}num^{21} ro^{3}ga^{4}tu^{3}rus^{2} ?
 Cùm^{6} vix^{12} ju^{2}stus^{21} sit^{3} se^{4}cu^{3}rus^{2}.

Rex⁴ tre³men⁴dæ² ma³je·ſta²tis²,

 Qui⁴ ſal⁴⁵van⁴³dos²¹ ſal³vas⁴ gra³tis²,

 Sal⁶✶va¹² me² fons²¹ pi³e⁴ra³tis².

Re⁶cor¹da¹re⁷⁵⁶ Je⁶⁵⁴ſu⁵ pi⁶e⁶²,

 Quòd⁴ ſum³ cau⁴ſa² tu³æ¹ vi²æ²,

 Ne⁴ me⁵⁶ per⁶⁵⁴das³²¹ il³la⁴ di³e².

Quæ⁶rens¹ me¹, ſe⁷⁵⁶di⁶⁵⁴ſti⁵ laſ⁶ſus⁶².

 Re⁴de³mi⁴ſti² cru³cem¹ pas²ſus²:

 Tan⁴tus⁵⁶ la⁶⁵⁴bor³²¹ non³ ſit⁴ cas³ſus².

Ju⁶ſte⁵⁴ Ju¹dex⁶² ul²¹ti⁶✶o¹²nis²,

 Do⁴³num² fac¹ re⁶✶mis¹ſi²o⁴nis³¹²,

 An⁶te⁴ di⁵em² ra¹ti²o⁴nis³¹².

In⁶ge⁵⁴mi⁵ſco⁶² tan²¹quam⁶✶ re¹²us²,

 Cul⁴³pa² ru¹bet⁶✶ vul¹tus² me⁴us³¹²,

 Sup⁶pli⁴can⁵ti² par¹ce² De⁴us³¹².

Qui⁴ Ma³ri⁴am² ab³ſol¹vi²ſti²,

 Et⁴ la⁴⁵tro⁴³nem²¹ ex³au⁴di³ſti²,

 Mi⁶✶hi¹² quo²que²¹ ſpem³ de⁴di³ſti².

Pre⁴ces³ me⁴æ² non³ ſunt¹ di²gnæ²,

 Sed⁴ tu⁴⁵ bo⁴³nus²¹ fac³ be⁴ni³gnè²,

 Ne⁶✶ per¹²en²ni²¹ cre³mer⁴ i³gne².

In⁶ter¹ o¹ves⁷⁵⁶ lo⁶⁵⁴cum⁵ præ⁶ſta⁶²,

 Et⁴ ab³ hœ⁴dis² me³ ſe¹que²ſtra²,

 Sta⁴⁵⁶tu⁶ens⁶⁵⁴ in³²¹ par³te⁴ dex³tra².

Con⁶fu¹ta¹tis⁷⁵⁶ ma⁶⁵⁴le⁵di⁶ctis⁶²,

 Flam⁴mis³ a⁴cri²bus³ ad¹di²ctis²,

 Vo⁴ca⁵⁶ me⁶⁵⁴ cum³²¹ be³ne⁴di³ctis².

O⁶ro⁵⁴ ſup⁵plex⁶² &²¹ ac⁶✶cli¹²nis²,

 Cor⁴³ con²tri¹tum⁶✶ qua¹ſi² ci⁴nis³¹²,

 Ge⁶re⁴ cu⁵ram² me¹i² fi⁴nis³¹².

La²chry⁶mo⁶⁷ſa⁶⁵ di⁴es³ il⁵la⁶,

 Qua⁴ re³ſur⁵get⁶ ex²⁴³²¹ fa⁴vil³la²

 Ju⁶DI¹CAN²¹DUS¹⁷⁶⁵⁶ ho⁶⁵⁴mo⁵ re⁶us⁶².

Hu⁴ic³ er⁵go⁶ par²⁴³²¹ce⁴ De³us².

 PI⁶E⁵ JE⁴ſu³ DO⁵MI⁵NE⁶,

 Do⁴na³ e⁵⁴³²is³ re⁴qui³em². A²³²men¹².

LOUEZ LE SEIGNEUR, VOUS QUI LE CRAIGNEZ·

MESSE.

MESSE SOLENNELLE,

Qui se chante

DANS L'ORDRE DE S. FRANÇOIS, &c.

Gravement, *ou* Quarrément; *selon que les Festes sont plus ou moins solennelles.* *7*2* * Ton transposé.

iij KY¹³⁴⁵ ri⁵ e⁵⁶⁵⁴⁵ i¹⁶⁵⁴⁵⁶⁵ e⁵³²¹⁴³ le²ⁱ i¹ son¹.
iij Chri³ste³²¹⁷*¹ ¹³⁴⁵⁶⁵⁴⁵ e⁵³²¹⁴³ le²ⁱ i¹ son¹.
iij Ky¹ri⁷e¹⁷⁶⁷i⁵ (au dernier ¹⁷¹⁷⁶⁷i⁵) e¹⁵⁶⁵³⁴⁵ ⁵³²¹⁴³le²ⁱi¹son¹.

GLo¹³⁴⁵ri⁵a⁵ in⁶ ex¹cel⁷⁶sis⁵ De⁴³²o¹. * Et¹ in³⁴⁵ ter⁵⁶ra⁵⁴ pax⁵ ho⁶⁷mi¹ni⁶bus⁵ bo⁵næ³ vo¹lun⁴³ta²tis¹. * Lau³da³²mus¹⁷*te¹. * Be³ne⁵di⁶ci³mus⁴te⁵. * Ad⁵o⁷ra¹mus⁶te⁵. * Glo⁵ri⁷fi¹⁷ca⁵mus⁷te¹. * Gra¹ti⁷as⁶ a⁷gi⁶mus⁵ ti⁴bis pro⁵pter⁴ ma³²gnam¹ glo²ri³am⁴³ tu²am¹. * Do⁵mi²ne¹ De⁷*us¹, Rex³⁴ cæ⁵⁶le⁵⁴stis⁵, De⁷us¹ Pa⁶ter⁵ o⁷mni¹ po⁶tens⁵. * Do¹⁷mi⁶ne⁶⁵ Fi⁶lis⁵ u⁶⁷ni¹⁷ge⁵ni⁷te¹ Je⁶su⁵ Chri⁶ste⁵. * Do⁵mi⁴ne³ De¹²us⁴ A⁵gnus⁶ De⁷⁶is⁵, Fi⁵li³us¹ Pa²tris¹. * Qui³ tol²lis¹ pec³ca²ta¹ mun⁷*di¹, mi³se⁵re⁶res⁵ no⁷⁶bis⁵. * Qui¹ tol⁷lis⁶ pec⁵ca⁷ta¹ mun⁶di⁵, su⁵sci⁴pe³ de¹pre²ca³⁵⁴ti³o²nem¹ no²stram¹. * Qui³ se²des¹ ad³ dex⁵te⁴ram³¹ Pa²tris¹, mi¹se⁷re⁶res⁵ no⁷bis¹. * Quo¹ni⁷am⁶ tu⁵ so⁷lus¹ San⁶ctus⁵. * Tu¹ so⁷⁶lus⁵ Do⁷¹mi⁶nus⁵. * Tu¹ so¹lus²* Al⁷tis⁵si⁷mus¹, Je⁶su⁵ Chri⁴ste³. * Cum³ san²cto¹ Spi³ri⁴tu⁵, in⁶⁷ glo¹⁷ri⁶as⁵ De⁴¹²i¹ Pa²tris¹. A³²¹³⁵⁴³²[⁵⁶⁷¹⁷⁶⁵ ¹⁵⁶⁵⁴³]men²¹.

G

Symbol. Chant Romain. ✱ 3 6 ✱ 2 ¶ ✱

CRe[5]do[3] in[4] u[3]num[2] De[5][6]um[6]. ✱ Pa[6][7]trem[6] o[6]mni[5]po[4]ten[5]tem[5], fa[3][4]cto[5]rem[5] cæ[5]li[4] &[6] ter[5]ræ[5], vi[3]si[4]bi[5]li[5]um[5] o[5]mni[4]um[3][2] &[6][7] in[6]vi[5]si[4]bi[6]li[5]um[5]. ✱ Et[3] in[4] u[5]num[5] Do[5]mi[4]num[3][4] Je[2]ſum[3] Chri[5]ſtum[6], Fi[6][7]li[6]um[6] De[6]i[5] u[5]ni[4]ge[6]niſtum[5]. ✱ Et[3] ex[4] Pa[5]tre[3] na[5]tum[6] an[6][7]te[6] om[6]ni[5]a[4] ſæ[6]cu[5]la[5]. ✱ De[5]um[4] de[6] De[5]o[5], lu[5]men[4] de[6] lu[5]mi[4]ne[3][4], De[2]um[3] ve[5]rum[6] de[6] De[4]o[6] ve[5]ros[5]. ✱ Ge[3]ni[4]tum[5], non[6] fa[5]ctum[3], con[4]ſub[3]ſtan[2]ti[3]a[5]lem[3] Pa[5]tri[6]: per[6][7] quem[6] o[6]mni[5]a[4] fa[6]cta[5] ſunt[5]. ✱ Qui[5] pro[5]pter[4] nos[5][6] ho[5]mi[4]nes[3], &[4] pro[3]pter[4] no[5]ſtram[3] ſa[4]lu[5]tem[5] de[5]ſcen[5]dit[4] de[6] cæ[5]lis[5]. ✱ Et[3] in[4]car[5]na[5]tus[5] eſt[5] de[3] Spi[4]ri[3]tu[2] ſan[5]cto[6] ex[6][7] Ma[6]ri[5]a[4] Vir[6]giſne[5]; Et[6][7] HO[6]MO FA[6]CTUS[5] EST[5]. ✱ Cru[3]ci[4]fi[5]xus[3] e[4]ti[3]am[2] pro[3] no[5]bis[6], ſub[6][7] Pon[6]ti[5]o[4] Pi[6]la[5]to[5]: paſ[6][7]ſus[6] &[6] ſe[4]pul[6]tus[5] eſt[5]. ✱Et[5] re[5]ſur[6]re[5]xit[3] ter[4]ti[2]a[3] di[5]e[6], ſe[6][7]cun[6]dùm[4] ſcri[6]ptu[5]ras[5]. ✱ Et[3] a[4]ſcen[5]dit[4] in[3] cæ[5]lum[6] : ſe[6][7]det[6] ad[6] dex[6]te[5]ram[4] Pa[5]tris[5]. ✱ Et[3][4] iſte[5]rum[5] ven[5]tu[5]rus[5] eſt[5] cum[6] glo[5]ri[4]a[3][4] ju[2]di[3]ca[5]re[6] vi[6][7]vos[6] &[4] mor[6]tu[5]os[5]: cu[3]jus[4] re[5]gni[5] non[5] e[4]rit[6] fi[5]nis[5]. ✱ Et[3] in[4] Spi[5]ri[5]tum[5] ſan[5]ctum[5], Do[5]mi[4]num[3][2] &[6][7] vi[6]vi[5]fi[4]can[5]tem[5] : Qui[3] ex[4] Pa[5]tre[5] Fi[5]li[5]o[5]que[4] pro[6]ce[5]dit[5]. ✱ Qui[3] cum[4] Pa[5]tre[5] &[6] Fi[5]li[4]o[3] ſi[4]mul[3] a[2]do[3]ra[5]tur[6] &[6][7] con[6]glo[6]ri[4]fi[6]ca[5]tur[5]: Qui[3] lo[4]cu[5]tus[5] eſt[5] per[4] Pro[6]phe[5]tas[5]. ✱ Et[3][4] u[5]nam[5] ſan[5]ctam[4] Ca[6]tho[5]li[4]cam[3][2] &[6][7] A[6]po[6]ſto[6]li[6]cam[5] Ec[4]cle[6]ſi[5]am[5]. ✱ Con[3][4]fi[5]te[5]or[5] u[5]num[4] ba[6]ptiſ[5]ma[3] in[4] re[3]miſ[2]fi[3]o[5]nem[6] pec[4]ca[6]to[5]rum[5]. ✱ Et[3] ex[4]pe[5]cto[3] re[4]ſur[3]re[2]cti[3]o[5]nem[6] mor[4]tu[6]o[5]rum[5]. ✱ Et[3][4] vi[5]tam[5] ven[5]tu[4][3]ri[3] ſæ[2][6][7]cu[6]li[6]. A[6][5][4][5][6][5][4][3]men[2][3].

SAn¹³⁴⁵ctus⁵. San⁵⁶⁵⁴ctus⁵. San¹⁶⁵ctus⁴ Do⁵⁶_
mi⁵nus⁵ De⁵³us²¹ ſa⁴³ba²oth²¹. Ple³ni³²
ſunt¹⁷*¹cæ¹li³⁴ &⁵ ter⁶⁵⁴ra⁵glo⁵³ri²a²¹tu⁴³a²¹,
Ho³ſan³²¹⁷*na¹ in¹³⁴⁵ ex⁶⁵⁴⁵cel⁵³²¹⁴³ſis²¹.
*Be¹ne⁷di¹ctus⁷⁶ qui⁷ ve¹nit⁵ in⁶⁵ no³mi⁴ne⁵
Do⁵³²¹⁴³mi²ni²¹, Ho³ſan³²¹⁷*na¹ in¹³⁴⁵ ex⁶⁵⁴⁵
cel⁵³²¹⁴³ſis²¹.

A¹³⁴⁵gnus⁵ De⁵⁶⁵⁴i⁵, qui¹⁶⁵⁴ tol⁵⁶⁵⁵lis³²¹
pec⁴³ca²ta¹ mun³³²¹⁷*di¹, Mi¹³ſe⁴⁵re⁶⁵⁴re⁵_
no⁵³²¹⁴³²bis²¹. *A¹gnus⁷¹De⁷⁶⁷¹i⁵,qui⁶⁵ tol³⁴_
lis⁵ pec⁵ca³ta²¹ mun⁴di³, Mi²ſe¹re²re³ no²bisʳ.
A¹³⁴⁵gnus⁵ De⁵⁶⁵⁴i⁵ , qui¹⁶⁵⁴ tol⁵⁶⁵⁵lis³²¹
pec⁴³ca²ta¹ mun³³²¹⁷*di¹, do¹³na⁴⁵ no⁶⁵⁴bis⁵
pa⁵³²¹⁴³cem²¹.

AL¹le³⁴⁵lu⁶⁵⁶⁷¹⁷⁶ia⁶⁵]¹³⁴⁵⁶⁵⁶⁷¹⁷⁶⁵¹¹⁷⁶⁵⁷⁶⁵
i i⁷⁶⁵³⁵⁴³²³³²¹ ¹³⁴⁵⁵⁴²³³²¹. *Chri¹ſto³⁴⁵⁶⁵
con⁶⁷¹⁷⁶⁵ſi⁵⁶⁴³⁴⁵xus⁵ ſum⁵⁶⁷¹⁷⁶⁵ cru⁶⁴⁵ci⁵:
vi⁵⁴⁴vo²³ au⁴³²¹¹²⁷tem³, jam⁴³ non²³² e¹²²¹go¹:
vi⁵⁶⁵⁴⁵⁶¹⁷ vit⁶⁵ ve³⁴⁵⁴⁴rò²¹ in¹²³ me⁴⁵
⁶⁷⁶⁶⁵[Chri⁴³⁴ſtus⁵⁶⁷¹⁷⁶⁵⁶⁷⁶⁶⁵ ¹³⁴⁵⁵⁴²³³²¹.

F I N.

*On avertit ceux qui prepareront des Chiffres pour marquer le Chant de cette maniere, qu'ils ayent à les fondre tous de l'épaiſſeur du 4 qui eſt le plus maſſif des ſept. Il en reſultera deux avantages qu'on n'avoit pas prevûs lorſqu'on a fait fondre ceux qui ſont ici employez; qui auroient une beauté & une netteté tout autres, ſi on euſt pû les faire graver exprés. Le premier de ces avantages eſt, que ceux qui compoſent la lettre, corrigeront ſans peine les fautes qui ſe font, & qu'il eſt difficile d'éviter dans la compoſition. Le ſecond & le plus important eſt, que ces caracteres ſe trouvant par ce moyen, également diſtans les uns des autres, les Ouvrages en ſeront plus égayez & en auront beaucoup plus de grace.
On imprimera la Muſique & toutes ſortes de Tablatures, (meſme celle de l'Orgue, qui juſqu'à preſent n'a pû bien ſe marquer qu'avec la plume ou le burin) avec la meſme facilité & la meſme abreviation que le

Plein-Chant , pourvû qu'on ait foin de faire graver des Nombres qui portent leurs mefures ou valeurs avec eux : Cela eft aifé , & les frais n'en feront pas grands. S'il y a des perfonnes qui trouvent ou qui imaginent quelques fignes qui foient plus propres pour cet effet, que ceux que nous marquons , & qu'elles veüillent avoir la bonté de les communiquer ; on leur fera redevable de ce bienfait , qu'on reconnoiftra par toutes les voyes poffibles. *Plus vident oculi , quàm oculus.*

AVERTISSEMENT AU LECTEUR.

IL y a diverfes fautes dans cet Ouvrage. On n'en fera point ici le denombrement , parce qu'en les ferois connoiftre à ceux qui ne les auront peut-eftre pas remarquées : & l'on n'apportera point non plus de raifons pour les excufer ; parce qu'encore qu'on en ait de tres-legitimes , un Lecteur judicieux ne doit pas eftre interrompu de bagatelles , & de chofes qui ne regardent pôint fon fujet. Que ferviroit , par exemple , de lui dire ; Qu'il nous a falu eftre Architectes , Maçons & Manœuvres tout à la fois : & encore , baftir dans un fonds où nous n'avions guere que le Ciel de favorable ? Tout cela feroit inutile : Et comme dit un agreable & judicieux Satirique ;

> *Un Auteur à genoux , dans une humble Preface*
> *Au Lecteur qu'il ennuye , a beau demander grace ;*
> *Il ne gagnera rien fur ce Juge irrité. Sat. 9.*

Ainfi nous nous contenterons de dire ; Qu'on ne trouvera point ici de fautes , foit d'impreffion , foit d'inadvertance , &c. aufquelles on ne puiffe facilement fuppléer , fi l'on veut s'en donner la peine : ce qui fuffit pour le prefent. Nous efperons , Dieu aidant , qu'on aura mieux

---

AVEC
LE TEMPS
ET LE TRAVAIL.

De l'Imprimerie de CHARLES COIGNARD,
à l'Annonciation.

www.ingramcontent.com/pod-product-compliance
Ingram Content Group UK Ltd.
Pitfield, Milton Keynes, MK11 3LW, UK
UKHW020401180726
13839UKWH00003B/1229